ANTICAPITALISMO ROMÂNTICO E NATUREZA

FUNDAÇÃO EDITORA DA UNESP

Presidente do Conselho Curador
Mário Sérgio Vasconcelos

Diretor-Presidente
Jézio Hernani Bomfim Gutierre

Superintendente Administrativo e Financeiro
William de Souza Agostinho

Conselho Editorial Acadêmico
Danilo Rothberg
Luis Fernando Ayerbe
Marcelo Takeshi Yamashita
Maria Cristina Pereira Lima
Milton Terumitsu Sogabe
Newton La Scala Júnior
Pedro Angelo Pagni
Renata Junqueira de Souza
Sandra Aparecida Ferreira
Valéria dos Santos Guimarães

Editores-Adjuntos
Anderson Nobara
Leandro Rodrigues

ROBERT SAYRE
MICHAEL LÖWY

ANTICAPITALISMO ROMÂNTICO E NATUREZA

O Jardim Encantado

Tradução
Rogério Bettoni

© 2021 Editora Unesp

Título original: *Romantic Anticapitalism and Nature: The Enchanted Garden*

Direitos de publicação reservados à:
Fundação Editora da Unesp (FEU)
Praça da Sé, 108
01001-900 – São Paulo – SP
Tel.: (0xx11) 3242-7171
Fax: (0xx11) 3242-7172
www.editoraunesp.com.br
www.livrariaunesp.com.br
atendimento.editora@unesp.br

Dados Internacionais de Catalogação na Publicação (CIP) de acordo com ISBD
Elaborado por Vagner Rodolfo da Silva – CRB-8/9410

S275a
Sayre, Robert
    Anticapitalismo romântico e natureza: o jardim encantado / Robert Sayre, Michael Löwy; traduzido por Rogério Bettoni. – São Paulo: Editora Unesp, 2021.

    Tradução de: *Romantic Anticapitalism and Nature: The Enchanted Garden*
    Inclui bibliografia
    ISBN: 978-65-5711-025-6

    1. Filosofia. 2. Política. 3. Capitalismo. I. Löwy, Michael. II. Bettoni, Rogério. III. Título.

2021-630   CDD 320.01
                                        CDU 321.01

Editora afiliada:

SUMÁRIO

7 Introdução – Romantismo, capitalismo e ecologia

35 Capítulo 1
As viagens de William Bartram em "território indígena"
e a crítica ambiental

61 Capítulo 2
Thomas Cole, pintor-profeta do desastre econômico

91 Capítulo 3
O romantismo revolucionário de William Morris
e a utopia ecológica

113 Capítulo 4
Walter Benjamin contra o "assassinato" da natureza

135 Capítulo 5
Raymond Williams: cultura romântica e ecologia
socialista

ANTICAPITALISMO ROMÂNTICO E NATUREZA

161 Capítulo 6
Naomi Klein, guerreira climática do século XXI

185 Conclusão

195 Referências bibliográficas

207 Créditos das imagens

INTRODUÇÃO

ROMANTISMO, CAPITALISMO E ECOLOGIA

Não pretendemos neste livro propor um estudo histórico exaustivo do romantismo e da ecologia. Em vez disso, a fim de ilustrar a diversidade e a coerência de uma ampla constelação cultural, bem como sua continuidade muito além do chamado "período romântico", escolhemos uma série de referências que não pertencem ao cânone literário usual dos estudos do romantismo. Os ensaios aqui contidos tratam de expressões da cultura romântica a partir de uma variedade ampla de diferentes áreas: literatura, escritos de viagem, pintura, visão utópica, estudos culturais, filosofia política e escritos sociopolíticos ativistas. Discutimos um grupo altamente diverso de pessoas – William Bartram, Thomas Cole, William Morris, Walter Benjamin, Raymond Williams e Naomi Klein – do final do século XVIII ao início do século XXI. Individualmente, todos esses nomes têm suas raízes nas culturas inglesa, norte-americana e alemã, mas compartilham uma perspectiva comum e abrangente: o protesto romântico contra a civilização burguesa moderna e sua destruição do meio ambiente natural. O propósito do nosso estudo é dar visibilidade às profundas conexões intelectuais, culturais e emocionais entre a rebelião romântica contra a modernidade e a preocupação

8 ANTICAPITALISMO ROMÂNTICO E NATUREZA

ecológica com as ameaças modernas à "Natureza".[1] Além disso, nosso objetivo é mostrar que as ligações essenciais entre romantismo, anticapitalismo e ecologia podem se expressar em formas culturais e contextos históricos muito diferentes.

Max Weber (1921, p.371) disse uma vez que as culturas asiáticas, com suas crenças mágicas, vivem em um "jardim encantado" (*Zaubergarten*), e esse conceito também pode ser aplicado à visão romântica (principalmente ocidental) da Natureza. Existem estudos ricos e interessantes sobre o romantismo, a ecologia e a ecocrítica, mas a maioria deles, se não todos, trata somente da literatura e tão somente do chamado "período romântico". Nosso trabalho é baseado em um conceito radicalmente diferente de romantismo.[2] Longe de ser consensual, essa interpretação vai contra a corrente da maioria dos estudos sobre o romantismo, que se baseiam na suposição aparentemente óbvia de que estamos lidando com um movimento literário do final do século XVIII e início do século XIX. A nosso ver, essa suposição está duplamente errada: o romantismo é uma *cosmovisão* – ou seja, é muito mais que um fenômeno literário, embora tenha um importante componente literário –, e não terminou em 1830 ou 1848. Para nós, o romantismo, como protesto cultural contra a civilização industrial e capitalista moderna, é uma das principais formas da cultura moderna que se estende desde Rousseau – uma figura fundadora particularmente importante – até o presente, ou seja, da segunda metade do século XVIII até o início do século XXI. Nossa tese se baseia em uma abordagem (heterodoxa) marxiana aos fenômenos culturais que tenta vincular arte, religião e ideias políticas a contextos sociais e históricos.

---

1 Embora reconheçamos que seu significado tem sido muito debatido recentemente, não entraremos nessas discussões aqui e usaremos o termo "Natureza" em seu sentido amplamente aceito de universo biofísico e, em particular, das várias formas de vida em nosso planeta.

2 Para uma discussão sistemática e uma ilustração de como concebemos o romantismo, inspirados nos escritos de Georg Lukács, Ernst Fischer e outros, mas partindo de uma perspectiva diferente, veja nosso livro *Romanism Against the Tide of Modernity* (2002); veja também nosso ensaio "Romanticism and capitalism" em Michael Ferber (2005).

INTRODUÇÃO

O romantismo como cosmovisão

O que entendemos por "cosmovisão"? Nossa inspiração vem das obras do sociólogo cultural francês Lucien Goldmann, que expandiu toda uma tradição do pensamento alemão, particularmente a de Wilhelm Dilthey. Para Dilthey, uma cosmovisão (*Weltanschauung*) é uma forma interna de pensamento (*innere Denkform*), ou seja, uma mentalidade fundamental (*Grundstimmung*). Ao tratar o romantismo como uma *Weltanschauung*, nossa abordagem se enquadra nessa tradição, e os escritos de Goldmann são nosso ponto de partida, embora tenhamos reformulado consideravelmente seus argumentos. Para ele, cosmovisão é "um conjunto de aspirações, sentimentos e ideias que reúne membros de um grupo (na maioria dos casos, uma classe social) e os opõe a outros grupos" (Goldmann, 1955, p.26).[3] Goldmann identificou o iluminismo, o romantismo, a cosmovisão trágica e a dialética como as principais cosmovisões da era moderna. Nossa pesquisa sobre a cosmovisão romântica não a identifica com uma única classe ou grupo, mas com indivíduos de diferentes origens sociais, muitos pertencentes à categoria social dos "intelectuais", ou seja, criadores de produtos e representações culturais.

Lucien Goldmann afirma que nem todos os portadores de uma cosmovisão a representam de forma totalmente *coerente*. Existem diferentes níveis de consistência e coerência entre eles. Isso se aplica fortemente a muitos que tratam da cosmovisão romântica, incluindo aqueles discutidos neste livro. Alguns apresentaram um protesto radical contra todo o complexo da civilização capitalista. São os que encarnam mais inteiramente a cosmovisão romântica como a definimos. Outros, porém, apenas tematizam aspectos específicos do mundo burguês moderno, ou respondem e reagem a eles. Alguns desenvolvem uma perspectiva romântica coerente e exclusiva, enquanto outros oscilam entre várias perspectivas ou cosmovisões, às vezes até mesclando-as em uma única obra. A maioria das personalidades consideradas "românticas" pela história literária dominante compartilham

---

3 Exceto quando indicado, as traduções neste livro de obras escritas em línguas diferentes do inglês são dos autores.

amplamente do ponto de vista romântico como definido aqui. Mas algumas se ligam apenas parcialmente a ele, enquanto outras que geralmente não são consideradas românticas – incluindo aquelas que não se enquadram na extensão cronológica da definição tradicional do romantismo – pertencem claramente ao estilo de pensamento romântico como o conceituamos.

No que diz respeito à nossa concepção, também é importante destacar que os autores não românticos podem ter um "momento" romântico, um aspecto ou uma dimensão romântica. Um bom exemplo é Karl Marx. Embora tenha sido essencialmente um homem do iluminismo, sua crítica ao capitalismo e sua visão da história incluem perspectivas e argumentos românticos significativos, que ele tomou de escritores (Balzac, Dickens), economistas (Sismondi) e antropólogos (Morgan, Maurer).[4] Um número significativo de marxianos no século XX expandiu essa dimensão, e podem ser caracterizados como "marxianos românticos". Isso inclui vários dos autores discutidos neste volume, a começar com William Morris em fins do século XIX.

Antes de definir a cosmovisão romântica em mais detalhes, precisamos fazer um comentário sobre sua relação com as sociedades do período moderno que parecem não fazer parte do capitalismo. Se o romantismo é um protesto contra a civilização capitalista, pareceria paradoxal que ele também apareça nos chamados países "socialistas realmente existentes" – na ex-URSS e outros regimes equivalentes. Para nós, no entanto, o ponto decisivo é que a URSS estava longe de ser uma sociedade socialista de fato. Na melhor das hipóteses, poderíamos considerá-la uma tentativa fracassada de transição do capitalismo para o socialismo. Também poderíamos entendê-la como uma espécie de "capitalismo de Estado", algo proposto por vários trotskistas dissidentes, como CLR James. De todo modo, após um curto período de experimentação revolucionária, o processo de burocratização sob a liderança de Stalin produziu uma sociedade que tinha muitas características em comum com o capitalismo ocidental: racionalidade utilitária,

---

4 Para uma discussão extensa sobre Marx e o romantismo, veja o capítulo 3, "Excurso: marxismo e romantismo" do nosso livro *Revolta e melancolia: o romantismo na contracorrente da modernidade*.

produtivismo, alienação do trabalho, administração burocrática, instrumentalização de seres humanos, além de, fundamental-mente, a destruição do meio ambiente.

Vale notar, entretanto, que há muito menos figuras românticas importantes entre os dissidentes soviéticos do que entre os críticos culturais no Ocidente. Alexander Soljenítsin é um exemplo notável, inspirado por uma forma extremamente tradicionalista e retrógrada de romantismo, que rejeitava não só o sistema totalitário soviético, mas também a sociedade moderna do Leste Europeu. Embora existam outros exemplos – um deles, do lado esquerdo do espectro romântico, é a autora Christa Wolf, da Alemanha Oriental, a quem dedicamos um capítulo de *Revolta e melancolia: o romantismo na contracorrente da modernidade* – continua sendo verdade, no entanto, que a grande maioria dos escritores e artistas românticos, desde o final do século XIX, estão em conflito com várias manifestações da sociedade industrial burguesa ocidental. Um ótimo exemplo é o brilhante romance de Aldous Huxley, *Admirável mundo novo* (1931), que critica a sociedade industrial moderna tanto do Oriente quanto do Ocidente. Em última análise, no entanto, seu mundo distópico, onde as pessoas adoram não o "Nosso Senhor", mas o "Nosso Ford", se parece mais com o capitalismo ocidental do que com o "socialismo" oriental.

Romantismo *versus* capitalismo

Como o definimos de modo mais específico, o romantismo é uma crítica cultural ou rebelião contra a modernidade capitalista-industrial *em nome de valores do passado, pré-modernos ou pré-capitalistas*. Como cosmovisão, ele está presente em toda uma gama de criações culturais: literatura e arte, religião e filosofia, teoria política, historiografia, antropologia e até economia política. Ele considera que no advento da sociedade burguesa moderna houve uma perda decisiva dos valores humanos, sociais e espirituais que existiam em um passado real ou imaginário – Idade Média, Grécia Homérica, comunismo primitivo e outros.

O protesto romântico sempre se inspira em valores pré-capitalistas – sociais, culturais ou religiosos – e na nostalgia de um Paraíso perdido, de uma Era Dourada do passado. Mas isso não significa que seja sempre reacionário e retrógrado. Ele pode assumir formas regressivas, sonhando com um retorno imaginário ao passado, mas também com retornos revolucionários que avançam, ou tentam avançar, para uma futura utopia passando por um *desvio* no passado. Para dar o exemplo de um dos autores discutidos neste livro: William Morris, poeta e artista pré-rafaelita, admirador da Idade Média, passou a investir sua nostalgia pelo passado no sonho revolucionário de uma utopia comunista. Essas formas paradoxais e opostas de romantismo serão amplamente ilustradas em nosso estudo.

A perspectiva romântica, portanto, está em contradição direta com o que foi chamado de "regime moderno de historicidade", baseado na crença na inevitabilidade do "progresso" e na rejeição do passado pré-moderno como "arcaico". Referindo-se à nossa análise do romantismo como uma revolta diversificada, porém ampla, contra a modernidade, o historiador francês Jerome Baschet escreve:

> É importante enfatizar que o regime moderno de historicidade não veio a prevalecer sem que seu reverso [romantismo] também se afirmasse [...] Esse ponto é tão importante que eu proponho identificar um regime romântico de historicidade [...] que acompanha [o regime moderno] como sua sombra. (Baschet, 2018, p.66)[5]

Essa sombra é justamente sua inversão, uma vez que o passado desprezado pelo regime moderno de historicidade é reivindicado pelo regime romântico, que o invoca para criticar o presente moderno e imaginar o futuro.

Como já sugerimos, o romantismo nem sempre desafia o sistema capitalista como um todo, mas geralmente reage a certo número de características da modernidade que ele considera especialmente odiosas e insuportáveis. Vejamos a seguir uma lista – longe de ser exaustiva – com exemplos importantes de componentes característicos e inter-relacionados da civilização moderna que as obras românticas costumam lamentar ou condenar:

---

5 Baschet baseia-se no conceito de "regimes de historicidade" conforme notavelmente elaborado por François Hertog.

INTRODUÇÃO 13

1) *O desencantamento do mundo.* Em uma famosa passagem do *Manifesto comunista,* Marx e Engels observaram que "os fervores sagrados da exaltação religiosa, do entusiasmo cavalheiresco, do sentimentalismo pequeno-burguês" do passado foram mortos pela burguesia, afogados "nas águas geladas do cálculo egoísta"[6] (Marx; Engels, 1975, 6, p.487). Setenta anos depois, Max Weber observou em uma famosa conferência, "A ciência como vocação" (1919):

> O destino de nosso tempo, que se caracteriza pela racionalização, pela intelectualização e, sobretudo, pelo "desencantamento do mundo", levou os homens a banirem da vida pública os valores supremos e mais sublimes. Tais valores encontraram refúgio na transcendência da vida mística ou na fraternidade das relações diretas e recíprocas entre indivíduos isolados. (Weber, 1994, p.302)[7]

Marx e Weber não podem ser considerados autores românticos, mas suas descrições são extremamente relevantes. O romantismo pode ser visto em grande medida como uma reação por parte do "entusiasmo cavalheiresco" contra as "águas geladas" do cálculo racional e contra a *Entzauberung der Welt* – levando a uma tentativa muitas vezes desesperada de *reencantar o mundo.* Desse ponto de vista, a conhecida frase *"die mondbeglanzte Zaubernacht"* (a noite encantada ao luar), escrita pelo poeta romântico alemão Ludwig Tieck em 1804, quase pode ser lida como o programa filosófico e espiritual do romantismo.

2) *A quantificação do mundo.* Na visão de Max Weber, o capitalismo nasceu com a disseminação dos livros contábeis dos comerciantes, ou seja, com o cálculo matemático de receitas e despesas. O *éthos* do capitalismo industrial moderno é *Rechenhaftigkeit,* o espírito do cálculo racional. Muitos românticos sentiram intuitivamente que todas as características negativas da sociedade moderna – a religião do deus Dinheiro (que Carlyle chamou de mamonismo), o declínio de todos os valores qualitativos, sociais

---

6 Ed. bras.: Karl Marx e Friedrich Engels, *Manifesto do Partido Comunista,* Trad. Álvaro Pina, 2005 (1848), p.42. (N. T.)

7 Ed. bras.: Max Weber, "A ciência como vocação". In: *Ciência e política:* duas vocações, Trad. Leonidas Hegenberg e Octany Silveira da Mota, 14.ed., 2013, p.51. (N. T.)

e religiosos, bem como da imaginação e do espírito poético, a tediosa uniformidade de vida, as relações puramente "utilitárias" dos seres humanos entre si e com a natureza – derivam da mesma fonte de corrupção: a quantificação do mercado.

3) *A mecanização do mundo*. Em nome do natural, do orgânico, do vivo e do "dinâmico", os escritores românticos manifestaram muitas vezes uma profunda hostilidade a tudo que é mecânico, artificial ou construído. Eles viam a fábrica capitalista como um lugar infernal e os trabalhadores como almas condenadas, não porque fossem explorados, mas porque, como disse Dickens em uma imagem fascinante em *Tempos difíceis* (2015 [1854]), eles eram escravizados à máquina, aos movimentos mecânicos e ao ritmo uniforme do pistão das máquinas a vapor, que "trabalhava monótono, para cima e para baixo, como a cabeça de um elefante em estado de loucura melancólica" (Dickens, 1965, p.22).[8]

4) *A dissolução dos vínculos sociais*. Os românticos estão dolorosamente cientes da alienação das relações humanas, da destruição das velhas formas "orgânicas" e comunitárias de vida social, do isolamento do indivíduo em seu eu egoísta, que, juntos, constituem uma dimensão importante da civilização capitalista, centrada na vida urbana. Saint-Preux em *Júlia ou A nova Heloísa*, de Rousseau, é apenas o primeiro de uma longa linha de protagonistas românticos que se sentem solitários, incompreendidos, incapazes de se comunicar de uma maneira significativa com seus concidadãos, o que se dá especialmente no próprio centro do social moderno vida, no "deserto urbano".

Capitalismo versus Natureza

Acrescentamos a essa lista de temas românticos predominantes aquele que é o foco central deste estudo: *a destruição da Natureza*. O desperdício, a devastação e a desolação infligidos ao meio ambiente natural pela civilização industrial costumam ser um motivo profundo para a tristeza e a raiva românticas. Trata-se

---

8 Ed. Bras.: Charles Dickens, *Tempos difíceis*, Trad. José Baltazar Pereira Junior, 2015. (N. T.)

de um tema intimamente relacionado aos quatro objetos anteriores do protesto romântico. Nostálgicos pela harmonia perdida entre o homem e a natureza, às vezes consagrando a natureza como objeto de um culto místico, muitos românticos observaram com melancolia e desespero o progresso da mecanização e da industrialização, a conquista moderna do meio ambiente que levou ao desaparecimento de regiões selvagens e à desfiguração de belas paisagens. O envenenamento da vida social pelo dinheiro e o envenenamento do ar pela fumaça industrial são entendidos por alguns românticos como fenômenos paralelos, provenientes da mesma raiz perversa – o domínio implacável do utilitarismo e do comercialismo, o poder dissolutivo do cálculo quantitativo. No desencantado mundo capitalista, a natureza deixa de ser um reino mágico e espiritual, uma criação divina sagrada ou o esplendor sagrado da beleza. Florestas, rios e paisagens são reduzidos a matéria-prima apenas para serem explorados até a exaustão.

Romantismo e natureza: as origens

As origens do que chamamos de "jardim encantado" romântico podem ser encontradas entre os primeiros românticos, ou seja, os escritores e filósofos geralmente identificados como românticos. Embora para nós a cosmovisão romântica não se limite ao chamado período romântico, mas esteja viva na cultura moderna até o presente, é indubitável que os primeiros românticos foram aqueles que assentaram os primeiros degraus da narrativa romântica inacabada. O romantismo, é claro, não tem uma única data de nascimento. Mas se quiséssemos escolher um momento como ponto de partida simbólico seria 1755, o ano em que Jean-Jacques Rousseau publicou seu *Discurso sobre a origem e os fundamentos da desigualdade entre os homens*. Este surpreendente documento constitui talvez o primeiro manifesto romântico, com sua crítica feroz da civilização moderna e a celebração do "nobre selvagem". A associação entre esses dois *topoi* pode ser encontrada entre muitos escritores e artistas românticos posteriores, desde o século XVIII até nossos dias, como ficará evidente ao longo deste livro.

Enquanto Voltaire, o grande proponente do iluminismo e do progresso, retrata os povos indígenas como bárbaros antropofágicos em sua sátira filosófica *Cândido*, o Rousseau romântico os vê como "a verdadeira juventude do mundo". Para ele, todos os passos subsequentes de progresso, que deveriam levar à perfeição do indivíduo, "efetivamente dirigiam-se à decrepitude da espécie". O homem selvagem "aspira só ao repouso e à liberdade", enquanto o homem civilizado "trabalha até a morte" e é "orgulhoso de sua escravidão" (Rousseau, 2008 [1755], p.118, 146).[9] De fato, enfatiza Rousseau, o bárbaro "não curva a cabeça ao jugo que o homem civilizado carrega sem um murmúrio" e prefere a mais perigosa liberdade à mais pacífica submissão. Em uma passagem que parece quase prever lutas anticoloniais, Rousseau argumenta que o amor à liberdade é tão forte entre os "selvagens" que eles se dispõem a afrontar "a fome, o fogo, o ferro e a morte para conservarem apenas sua independência" (ibid., p.132-133). Embora o "estado de natureza" do filósofo possa ser uma ficção, é quase certo que seu retrato da vida dos povos primitivos seja baseado em relatos de viajantes. Em todo caso, Rousseau muitas vezes se refere explicitamente em seu ensaio a grupos específicos: hotentotes, antilhanos e "selvagens da América" (ibid., p.78, 147).

No *Discurso*, Rousseau também denuncia o comportamento destrutivo moderno em relação ao mundo natural. Exalta "florestas imensas jamais mutiladas pelo machado" e lamenta que a civilização tenha feito do ser humano um "tirano de si mesmo e da natureza" (ibid., p.70, 80). Preocupado que a expansão da agricultura possa levar à "destruição do solo", isto é, de sua fertilidade, cita um trecho de *História natural* (1752), de Buffon, que parece quase profético:

> Como os homens consomem enormes quantidades de madeira e de plantas para o fogo e para outros usos, conclui-se que a camada de terra vegetal de uma região habitada deve diminuir sempre e ficar, por fim, como o terreno da Arábia Pétrea, e como o de tantas outras províncias do Oriente, que são, de fato, as terras há mais tempo habitadas, onde só se encontram sal e areia. (ibid., nota IV, p.154-155)

---

9 Ed. Bras.: Jean-Jacques Rousseau, *Discurso sobre a origem e os fundamentos da desigualdade entre os homens* (1755), 2008, p.141, 213. (N. T.)

INTRODUÇÃO

Outro aspecto romântico essencial dos escritos de Rousseau é uma relação apaixonada, quase mística, com a Natureza. Em *Os devaneios de um caminhante solitário* (1778), ele descreve os êxtases de quando se depara com o espetáculo maravilhoso da Natureza. Quanto mais sensível é a alma do observador, mais "um devaneio doce e profundo apodera-se então de seus sentidos e ele se perde, com uma deliciosa embriaguez (*ivresse*), na imensidade desse belo sistema com o qual se sente identificado". No meio das árvores e de outras coisas verdes, o escritor exclama: "Creio estar no paraíso terrestre" (Rousseau, 2012 [1778], p.98, 124, 151). Diferentemente de alguns outros autores que discutiremos, Rousseau geralmente não conecta esses dois momentos românticos – o amor pela Natureza e admiração pelo modo de vida "selvagem". Na nota IX de *Discurso sobre a origem e os fundamentos da desigualdade entre os homens*, porém, uma passagem irônica parece relacionar as duas coisas, em contraste com o comportamento "civilizado": "O homem selvagem, quando jantou, fica em paz com toda a natureza e amigo de todos os seus semelhantes" (Rousseau, 2008 [1775], p.163).

O exemplo de Rousseau ilustra o fato de que a atitude romântica para com a natureza não pode ser reduzida a uma atitude puramente estética, como às vezes o faz o estereótipo popular. Ao discutir a *Naturphilosophie* nos escritos de Novalis, Schelling e J. W. Ritter, o pesquisador grego Stephanos Rozanis afirma que essa filosofia romântica – que também é uma espécie de teologia – tem como valor supremo a espiritualização da Natureza. O Cosmos natural é visto como divino, e a divindade, pela mesma lógica, é concebida como a alma do Cosmos, o "*Weltseele*", na denominação de Schelling (Rozanis, 2001, p.34-35, 41).

De fato, os primeiros românticos da Europa, no final do século XVIII e início do século XIX, muitas vezes viam a Natureza como um universo sagrado e mágico, a expressão de um espírito divino. Como escreveu François-René de Chateaubriand em seu *O gênio do cristianismo* (1802), "O dom da profecia e da sabedoria, do mistério e da religião, parece habitar eternamente nas profundezas sagradas das florestas". Na verdade, ao escrever *O gênio do cristianismo*, Chateaubriand anuncia que sua ambição geral não é nada menos do que "opor uma *História Natural Religiosa* aos livros científicos modernos" (Chateaubriand, 1966, p.316, p.157). Para muitos dos primeiros românticos, especialmente na Alemanha, a natureza constituía uma espécie de metafísica mineral e vegetal, uma linguagem cabalística secreta a ser decifrada e, por meio de sua filosofia da natureza, eles visavam tanto a naturalização do espírito quanto a espiritualização da natureza (Fischer, 1986, p.234, p.238).

Eles também costumavam perceber a natureza como uma espécie de Jardim do Éden arcadiano. O *Naturphilosoph* romântico alemão Gotthilf Heinrich Schubert lamenta os "primeiros tempos, quando nossa espécie vivia em profunda harmonia com toda a Natureza", uma era de "paz espiritual e alegria paradisíaca" que as nações antigas celebraram como Era Dourada (Schubert, 2000, p.76-77). Isso os leva a uma visão crítica da relação destrutiva moderna com o mundo natural, como no romance inacabado de Novalis, *Os discípulos em Saïs* (1802). Retratando a atitude de um espírito prometeico empenhado em conquistar e subjugar a Natureza por todos os meios, Novalis atribui a ele os seguintes objetivos: "Que nossa geração trave uma guerra de destruição (*Zerstörungskrieg*) lenta e bem planejada contra essa Natureza. Devemos dominá-la com venenos rastejantes". Para Novalis, esta atitude conquistadora leva a Natureza a ser vista como um "monstro enraivecido" que deveria ser "paralisado para sempre" pela ação humana, pondo assim "um fim às suas devastações" (Novalis, 1924, p.286-7). Com esses e outros comentários semelhantes de escritores alemães no início do século XIX, a atitude romântica para com a Natureza deixa de ser apenas um sentimento estético e religioso – ou, em alguns autores, um exercício filosófico altamente especulativo – para se tornar uma *Zivilisationskritik* substancial.

Outro escritor alemão de um tipo muito diferente foi profundamente influenciado pelo espírito e pelo contexto do antigo romantismo alemão: o cientista e filósofo natural Alexander von Humboldt. Antes de empreender suas extensas viagens pela América do Sul e por outros lugares, que levaram a uma série de obras inovadoras enunciando e ilustrando uma nova visão do mundo natural, Humboldt passou vários anos, em meados da década de 1790, em Jena e Weimar, onde frequentou o círculo romântico de artistas e intelectuais em torno de Goethe e Schiller. Humboldt foi particularmente marcado nessa época pela *Naturphilosophie* orga-

INTRODUÇÃO

nicista de Friedrich Schelling, então professor da Universidade de Jena e membro do círculo de Goethe. As visões românticas da Natureza e a relação do homem com ela articulada por Schelling e outros desse contexto foram importantes impulsos formativos para o desenvolvimento posterior das concepções próprias de Humboldt. Portanto, embora suas raízes intelectuais e culturais estivessem no romantismo alemão, Humboldt, por sua vez, teve um impacto decisivo nas visões da Natureza sustentadas pelos românticos ingleses Coleridge e Wordsworth, mais especialmente o primeiro, e mais tarde nas sustentadas pelos norte-americanos Thoreau e Emerson. Dessa forma, ele forneceu uma das pontes cruciais entre o romantismo alemão e anglo-americano em termos de perspectivas sobre o mundo natural.[10]

Embora a visão de Humboldt acerca da Natureza não carregasse a dimensão religiosa do romantismo alemão, ela refletia, de muitas outras maneiras, última perspectiva. Diferentemente dos românticos do círculo de Jena, Humboldt foi, acima de tudo, um cientista natural dedicado ao estudo dos fenômenos naturais por meio da observação e da medição. Mas sua abordagem à Natureza foi excepcional por unir indissoluvelmente o científico e o "humanístico". No momento histórico exato em que a "ciência" se separava da filosofia e se tornava cada vez mais especializada, Humboldt articulou uma visão amplamente holística da natureza que incluía as respostas sensuais, emotivas, imaginativas e artísticas do sujeito humano em relação a ela. Em seu relato de viagens pela América do Sul, dividido em vários volumes, Humboldt exclama em uma passagem: "A natureza, em todos os lugares, fala ao homem com uma voz [...] familiar à sua alma" (Humboldt, 1814-29, p.160).[11] O artista está particularmente sintonizado com essa correspondência e com as belezas da Natureza, e, em outra obra importante, *Views of Nature* (*Ansichten der Natur*, 1808), Humboldt escreve sobre o pintor de cenas naturais, e que, "sob

---

10 Sobre a relação de Humboldt com o círculo de Jena, de um lado, e com escritores anglo-norte-americanos, de outro, ver a notável biografia intelectual de Andrea Wulf, *The Invention of Nature*: The Adventures of Alexander von Humboldt, the Lost Hero of Science (2015, p.5, p.25-33, p.36, p.72, p.128-29, p.167-71, p.250, p.256-57).

11 Citado em Wulf (2015, p.54).

a mão dele, a imagem mágica e grandiosa da Natureza (se é que posso me arriscar a usar a expressão) revela-se [...] em alguns toques simples" (Humboldt, 2014, p.168).[12] Na verdade, como Andrea Wulf enfatiza em sua biografia, ao longo dos escritos de Humboldt encontramos, lado a lado com a observação e análise científica, expressões apaixonadas de um senso de admiração e sensibilidade em relação à "magia" do mundo natural.

Hoje Humboldt é cada vez mais reconhecido como um precursor genial da ciência ecológica em sua abordagem global e interrelacional a este mundo, visto como uma rede ampla de conexões que cobre todo o planeta, e mais especificamente em sua teorização e estudo de "zonas climáticas" e da mudança climática.[13] Mas igualmente importante, do nosso ponto de vista, é a sua percepção "encantada" da Natureza, acompanhada por uma crítica abrangente e penetrante à civilização da modernidade e seus efeitos deletérios. Embora admirasse os ideais políticos do começo da história dos Estados Unidos, ele foi duramente crítico, quando visitou o país, quanto aos males que ali observou: a escravidão e a expropriação das terras dos ameríndios, ambas decorrentes de imperativos comerciais (Humboldt havia estudado finanças antes de se voltar para a ciência, mas a detestava), e a mentalidade mercantil penetrante que fez daquela nação, como escreveu ele a um amigo alemão, "um vórtice cartesiano que leva embora e nivela tudo a uma monotonia maçante".[14]

Além dessa ampla crítica aos males da modernidade descobertos nos Estados Unidos, Humboldt também aponta, em muitos momentos de seus escritos, para os efeitos desastrosos sobre o meio ambiente natural dessa civilização, muitas vezes motivados pela ganância. Como observou ao longo de suas viagens – na América do Sul, Europa e Rússia –, mineração, formas modernas de agricultura que incluem monoculturas e irrigação intensiva, bem como a indústria em sua fase inicial, muitas vezes levam ao desmatamento severo, ao empobrecimento da terra e

---

12 Citado na Introdução (Humboldt, 2014, p.8-9).
13 Ver a introdução de Alexander von Humboldt e Aimé Bonpland (2009, p.2-5).
14 Citado em Wulf (2015, p.3; ver também p.19-20, p.106, p.108, p.181, p.276).

INTRODUÇÃO

à poluição.[15] Em suas viagens, ele também observou os traços de culturas anteriores, pré-modernas, visivelmente diferentes em seu *éthos* e em sua relação com o meio ambiente. Seus comentários sobre essas culturas trazem grande interesse e consideração – outro aspecto de sua sensibilidade que ele compartilha com muitos outros românticos.[16]

A última pessoa que mencionaremos aqui do período inicial que faz parte da raiz da revolta romântica é o poeta inglês John Clare. Em alguns aspectos, Clare parece se destacar das linhas de desenvolvimento que discutimos e ter um forte contraste com Humboldt, especificamente. Humboldt era um aristocrata rico e muito culto, enquanto Clare era um trabalhador rural autodidata. Humboldt foi um viajante do mundo; Clare passou quase toda a vida na região estritamente limitada de seu nascimento. Em vista desse relativo isolamento, não surpreende que Clare não tenha sido um dos românticos ingleses para quem Humboldt serviu de ponte para o romantismo alemão. Aparentemente, ele também não tem muito em comum com os primeiros românticos franceses, como Rousseau e Chateaubriand. Mesmo assim, Clare expressa, em seus próprios termos idiossincráticos, e de forma muito poderosa, a visão romântica influenciada pela Natureza tal como a concebemos.

A rebelião de Clare contra a civilização do capitalismo inicial assume a forma, especificamente, de uma reação intensa e pessoal à experiência do cercamento de terras rurais que ocorreu em toda a Inglaterra no início do século XIX – o parcelamento de terras anteriormente tidas como comuns em lotes de propriedade privada com limites físicos, e a "melhoria" da propriedade rural por meio do desmatamento de extensões de terra antes comuns e da introdução de práticas agrícolas modernas. Na área ao redor da cidade natal de Clare, Helpston, em Northamptonshire, o processo ocorreu ao longo de pouco mais de uma década – 1809

---

15 Ver Wulf (2015, p.56, p.58, p.103-05, p.213, p.288).

16 Embora os comentários de Humboldt sobre as culturas indígenas ocorram em muitos de seus escritos, podemos encontrar uma série de observações, ao lado de representações pictóricas, em Vues des Cordillères et monumens des peuples indigènes de l'Amérique (Vistas das Cordilheiras e Monumentos dos Indígenas Povos das Américas; 1810).

a 1820 –, período que correspondeu à sua maioridade (ele tinha 16 anos em 1809). Ele vivenciou a transformação de sua região natal e do modo de vida de seus habitantes como um desastre absoluto em vários níveis, inclusive socioeconômico. Vindo de uma família pobre e sem-terra, Clare lutou para apenas sobreviver e, ironicamente, foi forçado pela necessidade a se engajar como trabalhador justo em alguns dos projetos que ele desprezava.[17]

Durante todo o período dos cercamentos em Helpston e ainda depois de concluídos, Clare escreveu uma série de poemas sobre o tema que foram chamados de "elegias do cercamento".[18] Neles, ele evoca de modo carinhoso o ambiente natural e os modos de vida de sua área antes do cercamento, descreve os efeitos produzidos por este e expressa uma mistura de tristeza, melancolia e raiva pelo resultado. Juntos, eles expressam, de modo enfático, uma visão romântica anticapitalista que se concentra na Natureza e no lugar dos seres humanos nela.

Nesses poemas,[19] o poeta revela uma nostalgia avassaladora pelas várzeas, pelos brejos e pântanos por onde ele perambulava quando criança. Essas terras parcialmente selvagens são caracterizadas especialmente pela liberdade que possibilitam tanto aos humanos quanto a outras coisas vivas: "A liberdade ilimitada dominava a cena errante / Sequer a cerca da propriedade por ali rastejava... Agora, essa meiga visão da minha época de garoto... toda ela perdeu a cor..." (Clare, 1990, p.169-70). As terras também são retratadas como belas, embora a dimensão estética da Natureza seja apenas uma entre várias nos poemas. De importância fundamental é o aspecto coletivo e social da comunidade humana na Natureza, e a nostalgia de Clare vai muito além das alegrias pessoais das brincadeiras de infância. Como bens comuns, a terra fornecia suporte aos pobres e sem propriedade, e também era o local de formas de comunidade pré-moderna, em particular de ciganos. Clare gostava de frequentar um acampamento cigano

---

17 Sobre a relação e a resposta de Clare aos cercamentos em Helpston, ver o quinto capítulo "Enclosure and the poetry of protest" de John Goodridge (2013).

18 Ver Goodridge (2013, p.105).

19 Alguns dos melhores exemplos são "The Fallen Elm", "Remembrances", "The Lament of Swordy Well" e "The Mores".

em um de seus lugares favoritos nas terras comuns; vários poemas mencionam o local e lamentam sua remoção pelo cercamento. De maneira mais geral, ele se sentia fortemente atraído por culturas folclóricas e colecionava música, histórias folclóricas e coisas do gênero.

Nas "elegias do cercamento", Clare protesta veementemente contra a demolição, pelo cercamento e pela modernização, tanto de terrenos naturais selvagens quanto das culturas pré-modernas que neles encontraram um lar, e identifica com nitidez a instância por trás da mudança. No mais antigo desses poemas, "Helpston", ele escreve: "A maldita riqueza acima das limitantes leis humanas / Continua sendo a causa de todo mau" e, mais especificamente, conecta-a tanto ao sofrimento dos trabalhadores pobres quanto aos danos à Natureza.[20] Poemas posteriores apontam para o "interesse próprio" e a busca de "lucro" ou "ganhos" como motivos que impulsionam as mudanças prejudiciais; quem é motivado dessa maneira tem uma "mentalidade pequena" e justifica suas depredações com a estridente doutrina da liberdade econômica (contrastada pelo poeta com a verdadeira liberdade proporcionada pela Natureza).[21]

Ainda que a política de Clare fosse nominalmente conservadora, sua acusação poética das incursões da modernidade em uma perspectiva romântica é radical. E a força e pertinência de sua crítica foram de fato reconhecidas e honradas por críticos posteriores que compartilham uma afinidade com ele: E. P. Thompson, que escreveu um tributo no bicentenário de seu nascimento, Raymond Williams, que publicou, com sua filha, uma antologia da poesia de Clare, e mais recentemente George Monbiot, o colunista ecológico do *Guardian* que, em um artigo celebrando Clare, enfatiza a relevância de sua poesia de protesto para a crise ambiental atual.[22]

---

20 Citado em Goodridge (2013, p.106).
21 Ver Clare (1990, p.168, 170, 172, 197).
22 A breve celebração de Clare por parte de E. P. Thompson apareceu em um número especial do bicentenário do *The John Clare Society Journal* (n.12, julho de 1993, p.31); a antologia editada por Merryn e Raymond Williams é *John Clare*: Selected Poetry and Prose (1986); o artigo de Monbiot sobre Clare é "John Clare, the poet of the environmental crisis – 200 years ago", *The Guardian* (9/7/2012).

Seria legítimo chamar de "ecológicas" as abordagens românticas à Natureza cujas origens examinamos aqui e que exploraremos melhor no corpo do nosso trabalho? Talvez não no sentido científico limitado da palavra "ecologia", conforme definido por Ernst Haeckel, seu inventor. Nem no sentido de um movimento social moderno que luta contra as consequências ambientais negativas da modernidade capitalista, embora, em alguns casos – vários deles são discutidos em nosso trabalho –, os românticos tenham se engajado com eles. Mas, como tentaremos ilustrar neste livro, encontra-se na corrente romântica da crítica cultural uma forma *sui generis* de consciência que é ecológica em seu sentido mais significativo, um sentido que teve um papel essencial no desenvolvimento histórico da ecologia e que continua sendo até hoje uma força potente no protesto e no ativismo ecológicos. Talvez possamos definir a atitude comum das pessoas discutidas neste livro como "ecocrítica romântica" – não no significado mais limitado que costuma ser atribuído ao termo "crítica", mas de forma mais ampla, como uma revolta cultural e moral radical contra os danos resultantes da interação das sociedades humanas modernas com a natureza, em nome de valores qualitativos perdidos na modernidade.

Romantismo e humanidades ambientais

Esperamos que nosso estudo da corrente ecocrítica no anticapitalismo romântico possa contribuir para a tendência em curso que tem sido amplamente rotulada de "humanidades ambientais". A primeira característica definidora desse movimento é, naturalmente, a conexão integral entre as questões ambientais e as preocupações abordadas pelas humanidades, ou seja, questões que envolvem fenômenos culturais. Essa abordagem entende as crises ecológicas como crises de cultura. Nossa exploração da valorização romântica do mundo natural e o protesto contra os efeitos destrutivos sobre esse mundo do capitalismo industrial moderno é um exemplo importante, no contexto da civilização ocidental, da interação íntima entre meio ambiente e cultura.

Outra característica importante das humanidades ambientais em geral é sua interdisciplinaridade, com as várias subáreas da tendência aproximando diferentes disciplinas. Nosso estudo, que se insere no domínio dos estudos culturais e ambientais, reúne uma grande diversidade de fenômenos culturais como expressão do anticapitalismo romântico ecocrítico. Eles incluem literatura de viagem, pintura de paisagem, escrita utópica, filosofia social, análise de estudos literários e culturais e o ensaio sociopolítico. Ao discutir essas diversas expressões culturais, cruzamos continuamente as fronteiras disciplinares, e nosso conceito de romantismo, que tem dimensões históricas, sociológicas, econômicas e culturais, também é explicitamente interdisciplinar.

Tem sido dito que o que as humanidades ambientais fazem, em relação às humanidades tradicionais, é, entre outras coisas, efetivar uma *ampliação* de perspectiva.

As questões que as humanidades tradicionais frequentemente tratam dentro de limites filosóficos ou literários restritos são abertas em um quadro contextual mais amplo. É exatamente isso que nossa conceitualização do romantismo tenta fazer, uma vez que situa as expressões da cosmovisão romântica como respostas críticas aos desenvolvimentos socioeconômicos na modernidade, que incluem fundamentalmente a crescente devastação do meio ambiente.

Um tema forte que muitas vezes é articulado no trabalho feito nas humanidades ambientais é a afirmação da unidade da natureza como uma totalidade orgânica/inorgânica, que assume a forma de uma rede complexa de ligações. Essa concepção é geralmente compartilhada pelos românticos que discutimos e, de maneira mais ampla, pode-se dizer que a compreensão das humanidades ambientais sobre a unidade e a inter-relação naturais tem estreitas afinidades com as visões românticas prevalecentes da natureza.

Outra tendência marcada nas humanidades ambientais tem sido explorar e reconhecer o valor de outras concepções da natureza que não o paradigma ocidental moderno dominante. Além de explorar o pensamento oriental sobre o meio ambiente, tem havido um interesse considerável nas visões e práticas dos povos "indígenas". Em nosso estudo, damos um lugar de destaque a essas visões, mostrando como elas se relacionam a outras compreensões ecológicas românticas e apontando para sua importância particular no contexto contemporâneo. Além dessas conexões gerais, devemos indicamos brevemente como cada uma das referências

26 ANTICAPITALISMO ROMÂNTICO E NATUREZA

que discutimos desvela ideias e percepções relevantes para as discussões que ocorrem nas humanidades ambientais:

Capítulo um: William Bartram afirma a unidade não hierárquica das formas de vida, enfatiza a "dignidade" da Natureza animal e critica fortemente a crueldade com os animais. Seus esboços botânicos ilustram a interconexão das formas orgânicas e inorgânicas retratadas.

Capítulo dois: de maneira apocalíptica, Thomas Cole alerta, tanto na escrita quanto na pintura, sobre os irreparáveis danos humanos e naturais que ocorrerão, a menos que o processo seja interrompido, por meio de incursões modernas em terrenos naturais e pela destruição deles, impulsionadas por um utilitarismo voltado para o lucro.

Capítulo três: William Morris critica a abordagem da civilização moderna à natureza como um conquistador que está fora dela, e não como uma parte, que vive harmoniosamente dentro dela. Seu *Notícias de lugar nenhum* imagina uma futura "ecotopia" na qual se restaura, em um nível superior, a harmonia das sociedades anteriores, e se transcende a divisão entre o campo e a cidade.

Capítulo quatro: Walter Benjamin faz uma crítica radical à "espoliação" da Natureza na modernidade capitalista, chegando a definir sua relação com a Natureza como "criminosa". Ele demonstra consideração para com as atitudes não destrutivas em relação à Natureza exibidas por sociedades "primitivas" e alerta para desastres ecológicos e humanos iminentes, a menos que o "freio de mão" seja puxado.

Capítulo cinco: Raymond Williams, assim como William Morris, clama pela superação da oposição entre campo e cidade, critica a ideologia da "modernização" como "progresso" contínuo e benéfico e vê a necessidade de reconceituar a noção de "produção", ampliando-a para incluir tanto subprodutos – em especial danos ambientais – quanto produtos. Como pensador socialista, aponta para a atitude exploradora comum em relação à Natureza mantida tanto pelas sociedades capitalistas quanto pelas chamadas comunistas e faz um apelo por um "socialismo verde" radicalmente diferente.

Capítulo seis: Naomi Klein, de modo semelhante a Williams, acha que os "déficits ecológicos" devem ser medidos junto com o crescimento econômico e se opõe fortemente à "mentalidade extrativista" que predomina no mundo contemporâneo do capitalismo globalizado. Ela vê uma conexão clara entre a crise ecológica existente e o perigo que correm os povos "alterizados" pelas elites dominantes, notadamente os habitantes indígenas das sociedades de colonos brancos. Ela se impressiona consideravelmente com a participação dos povos nativos nas lutas contemporâneas para limitar os danos ambientais e admira suas tradições cosmológicas que veem todas as criaturas vivas como "relações", além de assumir uma postura de "manejo" em relação ao mundo natural.

Trabalhos recentes sobre romantismo e ecologia

Não somos de forma alguma os primeiros a explorar as ligações entre "romantismo" e "ecologia". Mas, como será visto na breve pesquisa que se segue, a maioria dos estudos até agora trata quase exclusivamente do aspecto literário dessa conexão. Por esse motivo, nosso estudo – um dos primeiros a sugerir uma visão muito mais ampla da relação romântica com o discurso e a representação ecológicos – claramente se sobressai em relação a eles.

O reconhecimento e a análise contemporâneos da conexão entre os dois termos estão intimamente relacionados, e são quase idênticos, ao desenvolvimento da "ecocrítica" no sentido mais restrito ao qual aludimos. Às vezes também chamada de "ecoestudos" ou "ecoleitura", essa abordagem crítica aos textos literários surgiu pela primeira vez na Grã-Bretanha e nos Estados Unidos, embora mais recentemente tenha se espalhado para outros países. Definido em uma antologia inicial simplesmente como "o estudo da relação entre a literatura e o meio ambiente físico" (Glotfelty; Fromm, 1996, p.xviii), evoluiu e se diversificou consideravelmente desde seu início. Embora várias obras isoladas tenham aparecido na década de 1970, o verdadeiro impulso da abordagem ocorreu na década de 1990 com a publicação de uma série de monografias seminais, bem como do supracitado *The Ecocriticism Reader*, e com a criação da Associação para o Estudo da Literatura e o Meio Ambiente em 1993.[23] No século XXI, a

---

23 Sobre esse período inicial da tendência, ver Tony Pinkney (1998, p.411-12).

análise literária ecocrítica floresceu exponencialmente, com cerca de meia dúzia de obras publicadas só no ano 2000, e dezenas de outras que apareceram desde então. Essas produções posteriores, frequentemente chamadas de "segunda onda" da ecocrítica, muitas vezes problematizaram conceitos-chave e trouxeram outras formas de discurso crítico (pós-colonial, pós-moderno, feminista etc.) para as discussões ecocríticas (Coupe, 2000).

Mas um denominador comum de todos os estudos ecocríticos tem sido o foco principal em autores tradicionalmente identificados como "românticos". Na maioria dos casos, a definição de romantismo que está pelo menos implícita, quando não declarada claramente como tal, é a definição usual de um período literário e, uma vez que os ecocríticos são geralmente anglo-americanos, tem sido dada uma ênfase avassaladora aos escritores literários ingleses e norte-americanos do final do século XVIII e início do século XIX. Embora tenha havido algum debate sobre qual dos primeiros autores românticos expressa mais claramente um ponto de vista ecológico, é quase consensual que as raízes importantes da ecologia moderna se encontram na literatura do "período romântico". Essa filiação é sugerida, por exemplo, no subtítulo de *The Green Studies Reader* (Coupe, 2000) – "From Romanticism to Ecocriticism" – a primeira seção que inclui trechos ou discussão de Blake, Wordsworth, Coleridge, Thoreau e John Clare. Esse manual também inclui passagens de John Ruskin e William Morris, e, na verdade, essas e outras figuras de fins do século XIX muitas vezes fazem parte das genealogias ecocríticas que começam no período romântico. A relação precisa dos autores com o romantismo, no entanto, não costuma ser especificada. Em alguns casos, ela é remontada ao século XX, e os autores daquele século, ocasionalmente, são identificados com o romantismo.[24] Na maioria dos casos, porém, o romantismo é visto mais como uma origem do que como uma presença contínua no pensamento e na representação ecológicos.

Na literatura da ecocrítica, encontramos uma discussão sólida da história da consciência, do pensamento e da representação ecológicos e sua relação com o romantismo. Nessa discussão, surgiram alguns debates e diferenças de perspectiva. A maioria

---

24 Ver, por exemplo, Paige Tovey (2013).

INTRODUÇÃO 29

que analisa o desenvolvimento da ecologia moderna de alguma maneira distingue duas vertentes de sua história, usando vários termos para descrevê-las: de um lado, a abordagem "espiritual", "humanística" e "subjetiva"; de outro, a "científica", "racional" e "objetiva". Uma maneira de interpretar a relação histórica entre as duas vertentes é encarar a segunda como tendo origem apenas na segunda metade do século XIX, especialmente no trabalho do zoólogo alemão Ernst Haeckel, que cunhou o termo em 1866.[25] Dessa perspectiva, a primeira vertente precede a segunda cronologicamente, e às vezes é vista como "protoecológica" em vez de corresponder completamente aos critérios da perspectiva ecológica.[26] Enquanto os ecocríticos da "primeira onda" costumavam enfatizar a distinção entre as duas vertentes do discurso ecológico e destacavam a contribuição crucial dos primeiros escritores literários/filosóficos – e românticos – em sua diferença da abordagem científica, os críticos da "segunda onda" têm questionado cada vez mais a oposição, apontando que os escritores literários do "período romântico", em uma época anterior ao desenvolvimento de separações intelectuais e institucionais claras entre literatura, filosofia e ciência, muitas vezes conheciam os escritos de naturalistas e "filósofos naturais" contemporâneos e eram influenciados por eles. Longe de estar fora de sintonia com as investigações sobre o mundo natural, o trabalho dos autores literários românticos era frequentemente permeado por eles.[27]

De modo geral, no entanto, as histórias da ecologia como definidas na literatura ecocrítica costumam concordar que suas origens se encontram na virada do século XVIII para o século XIX, em associação com o romantismo inicial, e que depois evolui através de um série de novas fases ou pontos de inflexão: a enunciação de uma abordagem especificamente "científica" na década de 1860; os movimentos conservacionistas do final do século XIX e do início do século XX; a nova consciência das ameaças

---

25 Pensa-se que a primeira ocorrência da palavra em inglês foi em 1873. O americano George Perkins Marsh, no entanto, já sistematizou alguns dos fundamentos do entendimento "científico" da ecologia em *Man and Nature* (1864): ver James C. McKusick (2000, p.29, 31).

26 Ver McKusick (2000, p.19).

27 Ver Bryan Moore (2008, p.89); Rigby (2016, p.4).

ecológicas nas décadas de 1960 e 1970 (o altamente influente *Silent Spring*, de Rachel Carson, que alertava para o perigo dos pesticidas, apareceu em 1962); e, finalmente, o amplo despertar para a imanência, gravidade e natureza global da crise ecológica na década de 1990 e além.

Embora seja estudada e descrita mais intensamente na esfera anglo-americana, uma vez que, como apontamos, a ecocrítica veio em grande parte da Inglaterra e dos EUA,[28] as manifestações desses desenvolvimentos ocorreram também em outros países, notadamente na Europa. Em sua história recente da ecologia (*Die Ära der Ökologie*, 2011; tradução para o inglês: *The Age of Ecology* [A era da ecologia], 2014), ao discutir as origens, o estudioso alemão Joachim Radkau aponta para a contribuição do movimento alemão *Sturm und Drang* [Tempestade e ímpeto] (ao lado de Rousseau), bem como para uma tendência cultural significativa na Alemanha no início do século XIX, que ele chama de "romantismo da floresta".[29] Ele também alude à consciência ecológica posterior dos fundadores do marxismo (embora não tenha sido um de seus temas principais), citando o comentário de Engels em *Dialética da Natureza*: "Mas não nos regozijemos demasiadamente em face dessas vitórias humanas sobre a Natureza. Para cada uma dessas vitórias, a natureza se vinga de nós" (Radkau, 2014, p.24). Quanto à história francesa do pensamento e da imaginação ecológica, o amplo panorama recente de Serge Audier traça uma tradição francesa entre outras vertentes nacionais, que inclui o romancista George Sand, os pensadores utópicos Fourier e Proudhon, bem como o historiador romântico Jules Michelet (Audier, 2017). Audier e outros também apontaram várias contribuições russas significativas para o crescimento da consciência ecológica – notavelmente no trabalho do anarquista Piotr Kropotkin e no movimento *back-to-the-land* [volta para o campo] em torno de Liev Tolstói.

---

28 Sobre os desenvolvimentos alemães e franceses na ecocrítica, ver, respectivamente, Axel Goodbody, German Ecocriticism: An Overview, em *Oxford Handbook of Ecocriticism*, e Stéphanie Posthumus, Écocritique et "ecocriticism". Repenser le personnage écologique, *Figura*, v.36, 2014.

29 Ver Joachim Radkau (2014, p.12-20).

A gama de posições sociopolíticas daqueles associados à ecologia é muito ampla. Os editores da recente antologia *Ecology and the Literature of the British Left* reconhecem a forte marca na ecologia de posições da direita devido ao "impulso essencialmente conservador e muitas vezes pessimista por trás de muita preocupação ambiental", bem como a tendência de grande parte do pensamento socialista adotar o princípio de crescimento ilimitado (Rignall; Klaus, 2012, p.4, 7); mas o objetivo da antologia é explorar a rica interação e interpenetração do "vermelho" e do "verde", demonstrando por meio de várias contribuições uma linhagem que vai dos primeiros românticos britânicos, passa por Ruskin e Morris e chega a expressões posteriores de "ecoanarquismo" e "ecossocialismo".

Nesse aspecto, na verdade, podemos notar um paralelo claro entre o romantismo e a ecologia. Em nosso estudo do anticapitalismo romântico – *Revolta e melancolia: o romantismo na contracorrente da modernidade* –, argumentamos que essa cosmovisão é politicamente "hermafrodita", cruza todas as fronteiras políticas, e que essa característica explica, em alguns casos, as mudanças radicais na orientação política sobre uma carreira particular do autor, enquanto a visão romântica fundamental permanece inalterada.[30] O mesmo pode ser dito, *mutatis mutandis*, a respeito da preocupação e do compromisso ecológicos. Desse modo, essa heterogeneidade de posturas sociopolíticas tanto no romantismo quanto na ecologia se reflete naturalmente no presente estudo dos "ecologistas" românticos, embora nele seja predominante a linha "vermelha" de orientação política.

Como tentou sugerir essa breve visão geral, a partir da década de 1990 desenvolveu-se uma literatura rica e volumosa, abordando muitos aspectos da ecologia e sua interseção com o romantismo. Nesta literatura, foram apresentados vários argumentos conflitantes. Talvez o mais fundamental envolva a definição de dois conceitos-chave na área: "natureza" e "ecologia". Embora as discussões em torno desses termos certamente não sejam desprovidas de interesse, não escolheremos entre as opções possíveis, mas

---

30 Para uma discussão da diversidade política do romantismo, com um esboço tipológico, ver o capítulo 2 de Löwy e Sayre (2015).

sim adotaremos uma posição que inclui todas dentro do quadro de nossa análise. Sobre a questão do que é a "natureza", alguns propuseram distinguir "natureza" (a realidade física bruta) de "Natureza" (a construção cultural humana); outros propuseram abandonar o conceito por completo e substituí-lo pela noção de "meio ambiente"[31]; outros ainda contestaram a ideia de um mundo natural não humano e redefiniram a natureza como o mundo "mais que humano". Essas distinções e questionamentos, por mais que interessantes em outros contextos, às vezes conflitam entre si, e, de qualquer forma, não parecem diretamente relevantes para nossa exploração das expressões românticas da consciência e do protesto ecológicos. Como definido antes, portanto, adotaremos uma compreensão amplamente abrangente e comumente reconhecida da natureza e do mundo natural.

Da mesma forma, a literatura ecocrítica propôs um conjunto de características definidoras, algumas delas contraditórias, da perspectiva ou do "ponto de vista" ecológicos. Elas incluem: um senso de inter-relação dos fenômenos naturais, em uma "trama" ou "ecossistema"; um tratamento da natureza como "para-si" (*versus* para humanos), também às vezes chamado de "ecocentrismo"; uma concepção dos humanos como parte da natureza, ou, ao contrário, um reconhecimento do não humano como radicalmente "outro"[32]; um senso de lugar, de locais naturais particulares, ou, ao contrário, um olhar mais universal; uma apreensão secularizada e física da natureza, ou, ao contrário, sua sacralização. Poderíamos ampliar a lista, mas o que queremos argumentar é que qualquer uma ou todas essas características podem ser encontradas nas sensibilidades ecológicas românticas.

Neste livro, esperamos lançar uma nova luz sobre o assunto do romantismo e da ecologia, reformulando-o nos termos de nossa interpretação do romantismo como uma *Weltanschauung* anticapitalista de todo o período moderno. Ampliamos o escopo do romantismo aqui de duas maneiras principais. Primeiro, levando-o além da definição tradicional do período, identificamos e tratamos como românticas todas as figuras mencionadas, começando com

---

31 Ver especialmente o influente trabalho de Timothy Morton (2007).
32 Ver Louise Economides (2016, introdução).

William Bartram (segunda metade do século XVIII) e terminando com Naomi Klein (contemporânea, século XXI). Segundo, ilustramos a corrente da ecologia romântica com exemplos que rompem com o foco literário usual. Bartram era um naturalista e artista botânico, Thomas Cole, um pintor de paisagens, William Morris, um artesão e artista que trabalhava com várias mídias, Raymond Williams, crítico literário e cultural, Walter Benjamin, filósofo social multifacetado, Naomi Klein, ensaísta e ativista. Embora vários deles – Cole, Morris, Williams – tenham produzido algumas obras literárias, a atividade criativa não é sua atividade principal.

Talvez a inovação mais importante da nossa abordagem em relação à literatura ecocrítica seja a ligação dos românticos ecológicos que discutimos com o anticapitalismo. Ecologistas e cientistas recentemente chegaram a um consenso de que entramos em uma nova época geológica, o Antropoceno, em que a atividade humana mudou aspectos essenciais do meio ambiente, em última análise, com consequências terríveis. Muitos "ecomarxianos" – em particular, Ian Angus e John Bellamy Foster – aceitam esse conceito, mas enfatizam que a responsável por essas mudanças desastrosas é uma organização específica da atividade humana: o modo de produção capitalista moderno com seus correlatos civilizacionais.[33] Este ponto é vigoroso e explicitamente feito por Naomi Klein, o assunto de nosso último capítulo, mas tentamos mostrar como essa consciência, de uma forma ou de outra (incluindo em períodos anteriores à palavra "capitalismo" estar em uso), é encontrada em todas as figuras românticas que exploramos. E, de maneira crucial, queremos destacar a dimensão *crítica* dessa consciência. Nesse sentido, então, sugerimos que o termo "ecocrítica romântica" possa ser usado apropriadamente para descrever a forma de anticapitalismo romântico que investigamos aqui.

---

33 Um ecomarxista, no entanto, deu um passo além e sugeriu que o termo "Antropoceno" deve ser substituído por "Capitaloceno" (ver Jason Moore, 2015).

CAPÍTULO 1

AS VIAGENS DE WILLIAM BARTRAM EM "TERRITÓRIO INDÍGENA" E A CRÍTICA AMBIENTAL

Em um estudo sobre Alexander von Humboldt e sua influência no ambientalismo norte-americano do século XIX, Aaron Sachs destaca a consciência da "cadeia de conexão" e uma comunhão subjetiva apaixonada com a natureza como centrais para o pensamento e a sensibilidade do naturalista e explorador alemão. Sachs acredita que Humboldt está à frente de seu tempo nesses aspectos no início do século XIX, e sugere que ele pode de fato ter sido "o primeiro ecologista" (Sachs, 2006, p.2).

Embora na introdução deste livro tenhamos apontado o papel-chave de Humboldt a esse respeito, pode-se argumentar que William Bartram (1739-1823) tem uma reivindicação anterior ao título. Nos últimos anos, a obra a que geralmente nos referimos apenas como *Travels* [Viagens] de Bartram se tornou um clássico modesto nos Estados Unidos, e seu *status* atual, ao que parece, deve muito ao surgimento do ambientalismo e da ecologia modernos. Desde a década de 1960, o autor vem sendo reconhecido como um precursor setecentista do movimento que se desenvolveu pela primeira vez na América via Thoreau, Emerson e John Muir, e se concretizou nos séculos XX e XXI, conforme discutido na introdução.[1] Ao mesmo tempo, no entanto, alguns

---

1 Ver particularmente Lawrence Buell (1995, p.62, 77, 81) e Michael Branch (1996, p.288, 89). Branch é o editor de *Reading the Roots*: Nature Writing

36   ANTICAPITALISMO ROMÂNTICO E NATUREZA

estudiosos questionaram até que ponto Bartram era excepcional em relação a seus contemporâneos e apontaram contradições em seu trabalho. Neste capítulo, examinaremos a visão ambiental de Bartram e seu lugar em termos históricos, e tentaremos mostrar não só que seu trabalho se destaca em seu propósito ecológico de longo alcance, mas também que essa perspectiva está intimamente associada a uma crítica radical de sua sociedade, uma crítica incomum no contexto espaço-temporal de sua época. Também argumentaremos, contra aqueles que ressaltaram as inconsistências de Bartram, que sua perspectiva tem uma sustentação extraordinária, e que as inconsistências como tais não residem em sua visão fundamental. Essa visão é totalmente romântica no que se refere à nossa concepção do romantismo.

William Bartram era filho de John Bartram, o renomado botânico quacre da Filadélfia que se correspondeu com alguns dos principais destaques da horticultura, botânica e "história natural" da Europa e forneceu espécimes para eles; John foi nomeado botânico do rei para as colônias da América do Norte por George III em 1765. William era artista e, durante a juventude, acompanhou o pai para fazer esboços durante várias explorações botânicas extensas. Mas o seu *Travels*, publicado na Filadélfia em 1791, muito depois da excursão em si, é a narrativa de uma jornada muito mais longa, que ele fez sozinho, entre 1773 e 1777, nas Carolinas, Geórgia e Leste e Oeste da Flórida, chegando até o Baixo Rio Mississippi.[2] A viagem foi subsidiada pelo horticultor inglês John Fothergill, também quacre, para quem Bartram enviou amostras e esboços de plantas. As áreas percorridas por Bartram eram, em grande parte, o que os britânicos chamaram

---

Before Walden (2004). Além do interesse acadêmico relacionado ao ambientalismo moderno, Bartram passou a ser conhecido e muito admirado por um grande público. As duas organizações dedicadas a William Bartram hoje – a Bartram Trail Conference e a North Carolina Bartram Trail Society – têm websites bem equipados para divulgar suas atividades.

2   O título completo da obra é *Travels through North and South Carolina, Georgia, East and West Florida, Cherokee Country, Extensensive Territories of the Muscogulges ou Creek Confederacy and Country of the Chactaws* [Viagens através da Carolina do Norte e do Sul, Geórgia, Flórida Leste e Oeste, País Cherokee, Territórios Extensivos da Confederação de Muscogulges ou Creek e País dos Chactaws].

de "selva". Reivindicadas por estes como parte de suas posses na América do Norte, essas terras ainda eram habitadas e controladas quase inteiramente por nações e tribos nativas norte-americanas (embora a colonização britânica fizesse incursões progressivas em algumas regiões).

Bartram se sentiu intensamente apaixonado e atraído não só pelos indígenas que encontrava e com os quais peregrinava, mas também pelo meio ambiente natural selvagem – embora não inalterado – em que viviam.

Os escritos de Bartram sobre a viagem passaram por várias etapas e versões. Primeiro, ele escreveu um relatório em duas partes – já na forma de uma narrativa de viagem – para seu patrono na Inglaterra e o enviou do Sul antes de terminar a expedição. Esse relatório, que foi publicado,[3] coloca uma ênfase maior em descrições e enumerações da fauna, flora e *habitats*, seguindo instruções dadas pelo destinatário. No entanto, mesmo nesse documento que visava fornecer informações "objetivas", Bartram abre espaço em muitos lugares para impressões e opiniões subjetivas, evocando suas respostas pessoais ao mundo natural pelo qual viajava. Essa dimensão é expandida no relato de viagem escrito para publicação, que Bartram provavelmente começou logo depois de retornar à Filadélfia em 1777. Uma quantidade considerável de fragmentos de uma primeira versão manuscrita de *Travels* sobreviveu, nos quais os elementos filosóficos e literários são de suma importância.[4] Esta versão inicial, então, passou por um processo de edição (claramente com a ajuda de outras pessoas que não o próprio Bartram) antes de a obra ser finalmente publicada, quatorze anos após a conclusão da viagem.

---

3 O manuscrito foi publicado pela primeira vez como "Travels in Georgia and Florida, 1773-74: A Report to Dr. John Fothergill", em *Transactions of the American Philosophical Society*, nova série, XXXIII, nov. 1943 (org. Francis Harper). Mais recentemente, foi republicado em William Bartram, *Travels and Other Writings* (Nova York: The Library of America, 1996, org. Thomas P. Slaughter).

4 Esse texto foi transcrito e cuidadosamente estudado na tese de doutorado de Nancy E. Hoffmann (1996): "The Construction of William Bartram's Narrative Natural History: A Genetic Text of the Draft Manuscript for Travels Through North and South Carolina, Georgia, East and West Florida".

38 ANTICAPITALISMO ROMÂNTICO E NATUREZA

De modo geral, a primeira edição de *Travels* foi mais bem recebida na Europa do que nos Estados Unidos, e nos anos restantes do século XVIII a obra passou por várias republicações e traduções. As primeiras resenhas e introduções às traduções indicam que o principal interesse do livro foi visto inicialmente como científico, enquanto os adornos filosófico-literários sobre o tema Natureza foram criticados muitas vezes.[5] Esse mesmo aspecto, no entanto, logo passou a ser valorizado por muitos escritores românticos que se fascinaram pelo livro de Bartram: Coleridge, Wordsworth, Carlyle e Chateaubriand, para citar apenas os mais proeminentes. No entanto, além desses românticos europeus, *Travels* também passou a ser admirado por vários escritores norte-americanos do século XIX de sensibilidades semelhantes, em especial por Thoreau e Emerson, muitas vezes considerados as primeiras figuras importantes no interesse ambiental na escrita sobre a natureza nas Américas. Thoreau cita o trabalho de Bartram em *Walden*, e Emerson, a quem Carlyle recomendou *Travels* – embora os diários de Emerson mostrem que ele já havia descoberto o trabalho de Bartram anos antes – também encontrou inspiração no livro.[6]

O contexto norte-americano

Importante para entender a visão de Bartram é a especificidade do cenário norte-americano. Os primeiros colonos encontraram o que chamaram de "selva" – terras povoadas de maneira

---

5 Ver Rose Marie Cutting (1976, p.x, 37, 68).
6 Ver Henry David Thoreau (1985, p.376-77) e Ralph Waldo Emerson (2010, p.487). Sobre as influências de Travels em escritores europeus e americanos do século XIX, ver Cutting (1976, p.45, 57); N. Bryllion Fagin (1933, p.128-200). Fagin menciona, além de Thoreau e Emerson, o amigo e apoiador de Poe, Thomas Holley Chivers, como outro admirador americano de Bartram. Ver também Thomas P. Slaughter (1997, p.xvi, 163, 248, 257). Slaughter vê uma afinidade particularmente forte entre William Bartram e Thoreau, chamando este de "herdeiro" do "legado naturalista" daquele (ibid., p.248). Na introdução a *William Bartram, The Search for Nature's Design: Selected Art, Letters and Unpublished Writings*, Hallock e Hoffmann (2010, p.2) falam de Bartram como alguém que "inspirou [...] toda uma tradição de escrita sobre a natureza na América".

esparsa por povos que deixavam nelas uma marca leve –, mas a "civilização" delas foi rápida nas mãos dos recém-chegados. Annette Kolodny aponta que, em outras partes do mundo, a "civilização" da terra foi uma evolução antiga e lenta, ao passo que "somente na América todo o processo permaneceu dentro da memória histórica, dando aos norte-americanos a capacidade única de se verem como exploradores obstinados da mesma terra que antes prometia uma fuga de tais necessidades" (Kolodny, 1996, p.175). Nesse contexto geral, Bartram viveu em uma época e em um lugar que foram fundamentais para o processo. Pois as colônias britânicas no século XVIII – mais especificamente na segunda metade do século – estavam se desenvolvendo rápido em uma sociedade inteiramente comercial na qual o dinheiro e as relações de mercado se tornavam dominantes. Essa civilização capitalista inicial ainda era amplamente baseada na agricultura, e sua lógica expansionista clamava pela extensão contínua da posse de terras e pelo seu desenvolvimento pelos colonos. Em sua viagem, Bartram encontrou muitas manifestações desse processo.

Outros viajantes norte-americanos do século XVIII participaram diretamente desse contexto. Entre aqueles que cruzaram as áreas "selvagens" estavam colonizadores, colonos que iam para o Oeste, especuladores de terras e agrimensores. Outro tipo comum de viajante era o comerciante de peles, envolvido em um tipo diferente de exploração comercial da terra. Enquanto o primeiro grupo se mobilizava na apropriação e transformação geral do território, o comerciante de peles deixava a terra intacta, apesar de o esgotamento drástico de certas populações de animais marcar profundamente ecossistemas. As representações do ambiente natural dos relatos de viagens de pessoas envolvidas nessas atividades refletem de modo evidente essas preocupações. Em *A New Voyage to Carolina* [Uma nova viagem para Carolina] (1709), por exemplo, o colonizador e especulador de terras John Lawson comenta repetidamente no texto sobre as potencialidades de colonização e comércio de áreas descobertas, além de enfatizar locais prováveis em um mapa anexo.[7] Na outra extremidade do

---

7 Ver John Lawson (1967). Entretanto, Lawson também coletou espécimes botânicos para um patrono europeu e seu trabalho também contém elementos de história natural.

século, o relato das aventuras exploratórias em busca da Passagem do Noroeste, feito pelo importante comerciante de peles Alexander Mackenzie, trata a terra principalmente como fonte de matéria-prima ou como canal de comércio, e os indígenas com quem ele lida como agentes potencialmente úteis ou como obstáculos para seus empreendimentos.[8] Mesmo os viajantes não diretamente envolvidos nas atividades exploratórias mencionadas foram muito influenciados em suas narrativas por essas concepções de terra e pelas aparentes expectativas do leitor.

Quanto aos viajantes que estavam estudando "história natural", Roderick Nash observa em seu estudo do comportamento dos norte-americanos em relação ao ambiente local que eles "ocupavam uma posição de vantagem a partir da qual era possível encarar a região selvagem como algo além da hostilidade" – isto é, a hostilidade da visão puritana anterior da natureza selvagem como reino do demoníaco, ou dos colonos, que buscavam subjugá-la e se apropriar dela (sua "hostilidade" era utilitária e muitas vezes mercenária). Contudo, até meados do século XVIII, de acordo com Nash, os cientistas naturais "compartilhavam o ponto de vista dominante". Só então "soou uma nova nota na escrita científica descritiva", uma nota mais apreciativa do mundo natural. Mesmo na última parte do século, porém, a "nova atitude coexistiu com a antiga, em vez de substituí-la", e a abordagem de William Bartram se destacou como excepcional (Nash, 1982, p.53, 55). Somente no século XIX e depois é que alguns dos temas e perspectivas expressos por Bartram se tornaram mais difundidos entre aqueles que viajavam em ambientes naturais selvagens ou refletiam sobre a natureza de forma mais geral. Mesmo assim, na visão de Michael Branch, o que estava em jogo era uma "tradição minoritária" (Branch, 1993, p.286).

Em seu estudo sobre escrita de viagem do final do século XVIII e início do século XIX, Nigel Leask se recusa claramente a tratar todos os viajantes de origem europeia como pertencentes a um único molde, o "imperialista", e, como alternativa, insiste

---

8 Para uma edição moderna da obra que segue a primeira edição de Londres, 1801, ver Alexander Mackenzie (1927). Para uma análise do relato de Mackenzie, ver Robert Sayre (2013, p.121-37).

na necessidade de particularizar e contextualizar totalmente cada viajante analisado.[9] Compartilhamos dessa abordagem e a aplicaremos, tanto em termos culturais quanto sócio-históricos, na discussão de Bartram que se segue.

A cosmovisão de William Bartram

O que colaborou, então, para formar a cosmovisão de Bartram? Alguns elementos dela certamente surgiram das correntes intelectuais e científicas predominantes de sua época: a atitude do "curioso" *savant* do Iluminismo e colecionador de história natural,[10] e o deísmo que ele absorveu por meio de seu pai e do entorno de seu pai. No entanto, têm surgido argumentos convincentes de que o ponto de vista de Bartram é significativamente diferente dos conceitos de natureza prevalecentes do século XVIII, argumentos bastante influenciados pelas reflexões da "teologia natural", que tentava provar a existência de um Deus beneficente através da observação da natureza. De acordo com Bruce Silver, enquanto Bartram parece ignorar as recentes "teorias protoevolucionistas do iluminismo europeu" e, por isso, "[escreve] liricamente sobre a natureza como o grande produto de Deus", sua abordagem difere crucialmente daquela dos proponentes da teologia natural. Ele não tenta provar o desígnio benevolente de Deus por meio da observação – uma estratégia que costuma levar teólogos naturais a ignorar fenômenos que não se encaixam em seus argumentos, ou a fazer contorcionismos intelectuais para tanto. Bartram, por outro lado, considera desde o início a bondade onipresente de Deus como um dado, e então se concentra em explorar o funcionamento do mundo natural sem tentar explicar como a bondade de Deus se manifesta em cada detalhe. "Ele escrevia sobre a natureza como poeta e às vezes pensava nela como filósofo", conclui Silver (1978, p.600, 614),

---

9 Ver a introdução de Nigel Leask (2002).
10 Pamela Regis (1992, p.64), que destaca o lado científico de Bartram, recorre a uma passagem de Travels para identificar a "curiosidade" como "espírito condutor" da obra.

"mas suas metáforas e princípios morais jamais se sobrepõem aos objetivos científicos de sua odisseia".

O fato de isso ser possível aponta para outra associação cultural e espiritual – claramente a mais forte que entrou em sua constituição, junto com a científica. Estamos falando do quacrismo, embora não a forma predominante que ele assumiria na Filadélfia durante o século XVIII. O estudo hoje clássico de Frederick Tolles mostra como, em meados daquele século, os ricos comerciantes quacres na Filadélfia praticavam uma forma moderada e mitigada de religião – às vezes associada a um deísmo racionalista – compatível com a busca de lucro individual e acumulação, distanciando-se de certo modo dos ideais originais da fé quacre.[11] William Bartram cresceu tendo proximidade a essa elite quacre, mas ele, como John Woolman, foi atraído por um quacrismo mais radical e mais próximo ao dos fundadores. De modo mais central, essa fé envolvia o valor do igualitarismo e a afirmação da unidade, ou solidariedade, entre as comunidades humanas e naturais. Larry R. Clarke (1985, p.435-48) traçou mais especificamente os aspectos das crenças quacres originais que sustentam a visão da natureza de Bartram: o conhecimento de Deus é empírico, em um modo intuitivo, e não requer demonstração racional; é "apofático", pois evita fazer afirmações intelectuais positivas sobre Deus; e pode ser alcançado através da observação da natureza.[12] Esses aspectos da crença quacre fornecem uma estrutura para compreendermos a coexistência em Bartram de um senso predominante de divindade beneficente na natureza e a observação atenta de fenômenos que não sugerem isso como tais, ou pelo menos não todos.

De modo geral, Bartram extraiu do espírito quacre original um interesse e um respeito intensos pelo mundo natural, igualmente em todas as suas partes, e uma defesa de sua integridade – uma

---

11 Ver Frederick Tolles (1948).
12 Em um comentário crítico sobre este artigo, Bruce Silver (1986, p.507-510) argumenta que as ideias que Clarke atribui ao quacrismo não são específicas dele. Ao fazer essa afirmação, no entanto, Silver permanece em um nível relativamente alto de generalidade e não aborda todos os pormenores expostos por Clarke.

AS VIAGENS DE WILLIAM BARTRAM EM "TERRITÓRIO... 43

tradição do quacrismo que continuou a subsistir.[13] Vários estudiosos – Donald Brooks Kelley e Kerry S. Walters – demonstraram mais particularmente como a abordagem de Bartram à natureza pode ser relacionada com a de outros integrantes da subcorrente radical do quacrismo à qual nos referimos, os chamados quacres "de peso" ou "ternos", um grupo que incluía Anthony Benezet, bem como Woolman. Enquanto os quacres norte-americanos do século XVII compartilhavam atitudes puritanas em relação à natureza, esse grupo desenvolveu no século XVIII o que Walters (1989, p.162) chama de "uma sensibilidade ecológica exclusivamente quacre".[14] Kelley detalha alguns aspectos-chave do credo desses pensadores quacres. Eles afirmavam que Deus era o único possuidor da terra, e o homem, apenas seu guardião ou administrador, em uma relação de proteção que deveria se estender também aos animais. Benezet defendia um modo de vida "compacto" semelhante ao dos indígenas, e tanto ele quanto Woolman eram críticos da ganância por riquezas que levou ao lixo ambiental.[15] Embora as afinidades de Bartram com essas ideias sejam bastante claras, Walters também enfatiza a diferença – e a originalidade – de Bartram em relação a elas, na medida em que sua visão não estava tão intimamente ligada a uma perspectiva quacre sectária (Walters , 1989a, p.159-60, 162, 165, 167).[16]

Na verdade, a maioria dos estudiosos de sua obra reconhece que muita coisa na visão de Bartram vai além e não faz parte do escopo de influências científicas tanto dos quacres quanto do iluminismo. Como aponta Larry Clarke (1986, p.446), "[sua] visão da natureza como fonte imaculada e norma da virtude, e do homem primitivo como mais virtuoso do que civilizado, não faz parte da tradição quacre", mas é "parte de seu apelo ao movimento

---

13 Veja a introdução de David Sox (2004).

14 John Gatta (2004, capítulo 2: "Meditating on the Creatures in Early American Life and Letters") usa o termo "ecospiritualidade" para se referir à ecologia quacre de Woolman e Bartram.

15 Ver Donald Brooks Kelley (1985, p.244, p.248-49) e Kelley (1986, p.261-66).

16 Walters (1989b, p.309-332) enfatiza a influência do quietismo no movimento de pensamento do século XVIII e, em outro artigo, argumenta que as ideias de Bartram refletem o neoplatonismo cristão, via os quacres.

romântico emergente". O próprio Bartram, na verdade, possui uma sensibilidade romântica precoce no sentido mais amplo, se o romantismo, como afirmamos, é uma revolta contra as condições da modernidade burguesa e a nostalgia dos valores e formas de vida pré-modernos.

Pois William Bartram, ao contrário de seu pai, não se encaixava na Filadélfia comercial, ou, de modo mais geral, na sociedade capitalista inicial das colônias britânicas. O pai de William queria que ele abrisse um negócio e o estabeleceu como aprendiz de comerciante no final da década de 1750, depois como lojista na Carolina do Norte na década de 1760 e, por fim, como produtor comercial de arroz e índigo na Flórida. Em todos esses empreendimentos, William foi malsucedido e infeliz. Em 1773, quando partiu para sua longa expedição pela região selvagem no sudeste, sozinho e contra a vontade de seu pai, sua partida parece ter sido em grande parte uma fuga do destino mercantil que lhe fora atribuído, mas para o qual ele se descobriu totalmente inapto. Sua partida foi, de fato, um recuo e uma rejeição de sua sociedade. Ele preferia a natureza "selvagem" e os indígenas que viviam intimamente integrados naquele meio ambiente.[17]

Antes de nos voltarmos para o relato de Bartram sobre a viagem, esboçaremos as linhas gerais de sua visão filosófico-religiosa. Para este quacre apaixonado e romântico, no nível mais geral, todas as criaturas do mundo – plantas, animais e seres humanos – são vistas como manifestações do divino e, como tais, possuem igual valor. Profundamente ligadas, elas fazem parte de uma unidade abrangente de formas de vida, com a qual os seres humanos deveriam estar em contato e acolher. No entanto, embora todos os seres criados façam parte de um todo não hierárquico, no entendimento de Bartram, isso não significa um nivelamento ao mínimo denominador comum. Pelo contrário, como observou Pamela Regis (1992, p.48), "[o] movimento geral é em direção à elevação – as plantas que Bartram menciona são semelhantes aos

---

17 Sobre a vida de Bartram, com ênfase em suas relações com o pai, ver Slaughter (1997). Para reflexões convincentes sobre sua vida, ver também *William Bartram on the Southeastern Indians*, com edição e notas de Gregory A. Waselkov e Kathryn E. Holland Braund (1995, cap.1).

animais; os animais são semelhantes aos humanos; os selvagens de modo nenhum são selvagens". Somente os chamados "civilizados" são desvalorizados, mas apenas porque seu modo de vida constitui uma negação dos princípios vitais.

Entre os manuscritos não publicados de Bartram, há dois fragmentos que desenvolvem de modo bem explícito as implicações dessas convicções, particularmente em termos socioculturais. Eles apresentam de forma condensada alguns dos principais temas que permeiam a primeira versão manuscrita de *Travels*, e muitos foram suprimidos da versão final publicada. Como tais, fornecem um importante pano de fundo filosófico e social para a narrativa de viagem.[18]

Curiosamente, em um desses textos, Bartram também sobrepôs alguns desenhos que, em um palimpsesto pictórico, projetam significados importantes. Na parte inferior da página, vemos duas imagens: uma de uma pequena casa que parece estar à beira de um rio, e a outra de um homem caminhando sozinho entre as árvores, apoiado em um bastão. Acima delas há um terceiro desenho, de um cavalo, que parece estar galopando, ou talvez pulando, pois está voltado para cima. Todas as imagens envolvem o mundo natural, mostrando a fauna e a flora, e os seres humanos em um ambiente natural, tanto vivendo quanto se deslocando (viajando) dentro dele. O desenho do homem caminhando na floresta pode ser o autorretrato de Bartram, o "peregrino filosófico", como ele se chamava na versão manuscrita de *Travels*.[19]

Nos textos em si, Bartram faz uma crítica contundente à chamada sociedade "civilizada". Nessa sociedade – ou seja, na sociedade dele mesmo – "quanto mais qualquer homem ou mulher se aproxima da honestidade e da simplicidade, mais é considerado um tolo e está no caminho geral, apressando-se rumo a pobreza, o desprezo e a miséria". É uma sociedade em que "a paixão da avareza é um dos mais formidáveis... Inimigos. Essa

---

18 "Thoughts on Morality", fragmentos de manuscritos sem data: Pennsylvania Historical Society, Bartram Papers, v.1, pastas 81, 83. Os textos desses documentos foram transcritos em Hoffmann (1996).

19 Que eu saiba, essas imagens não foram mencionadas em nenhum outra discussão desses manuscritos.

46 ANTICAPITALISMO ROMÂNTICO E NATUREZA

paixão, se cedermos a ela, torna-se insaciável. É ela a geradora da contenda... e a contenda gera violência e guerra" (apud Hoffmann, 1996, p.304). A busca da riqueza e a ética do trabalho (ou "indústria", termo usado por Bartram) que a acompanha afastam os seres humanos civilizados da verdadeira fonte da vida na natureza, levando, em última instância, "até mesmo a uma espécie de suicídio. Como é comum para Homens cujo Objetivo é o excesso de afluência material, riquezas e luxos arruinar sua constituição física e encurtar sua vida por meio do trabalho excessivo e constante, da fadiga e da vigilância" (ibid., 305). Para Bartram, então, a civilização mercantil da qual ele fazia parte era um sistema não natural e, como tal, profundamente prejudicial do ponto de vista moral e físico.

O autor desses fragmentos prossegue e chega às seguintes conclusões: "Assim, parece-me, acredito, que agimos de forma mais racional e virtuosa quando nossas Ações parecem operar a partir de um simples instinto [ou] aparato mais próximo do comportamento da criação animal". Essas nações "que ainda permanecem no estado simples de natureza primitiva como nossos indígenas, que tiveram apenas poucas relações sexuais com os brancos", estão mais próximas dessa vida aparentemente instintiva e, portanto, da verdadeira moralidade (ibid., 306). O "aparentemente" é importante aqui, pois em várias passagens de *Travels* Bartram rejeita veementemente a noção, sustentada por outros brancos, de que os indígenas não têm instituições sociais desenvolvidas, mas são "filhos da natureza" instintivos. Para Bartram, eles têm uma civilização estruturada, mas em consonância com o resto da criação viva e integrada a ela. Quanto aos animais, aos quais ele associa os indígenas na passagem, fica claro em outro lugar que Bartram pretende elevar o *status* deles em vez de rebaixar o dos seres humanos a uma animalidade degradante. Em outras partes dos fragmentos, o autor ironiza a pretensa "dignidade da natureza humana", uma distinção sem nenhum mérito, uma vez que a humanidade se comporta como um "tirano absoluto" (ibid., 310) em relação a outros animais e "provavelmente já teria há muito destruído toda a criação animal se seus braços não fossem contidos pelo Criador Supremo e preservador... " (ibid., 319). Bartram, por outro lado, afirma a "dignidade da natureza animal" (ibid., 317) e está convencido de que os animais se expressam por meio de linguagens reais e demonstram inteligência racional (ibid., 308, 319).[20]

Travels de Bartram

No próprio texto de Travels, encontramos muitos ecos e exemplos concretos dessa perspectiva global, embora a crítica social geral tenha sido muito moderada e haja algumas passagens que aparentemente contradizem ou atenuam a natureza radical da visão de Bartram. Essas dissonâncias levaram Thomas Hallock a questionar a coerência da perspectiva bartramiana. Ele chama Travels de um "relato escorregadio" que oscila entre posições diferentes e incompatíveis (Hallock, 2001, p.125; ver também p.112, 120). No entanto, a própria discrepância entre os vários manuscritos, de um lado – tanto os fragmentos que acabamos de discutir quanto o primeiro rascunho do relato de viagem –, e Travels, conforme publicado, de outro, parece fornecer um argumento contra a acusação de inconsistência. Parece plausível que as diferenças entre o rascunho inicial do manuscrito e Travels em si podem ser amplamente explicadas pelo processo de edição que levou à versão publicada. Esse processo parece ter resultado em um tipo de censura, em parte provavelmente autoimposta e em parte exercida pelas mãos de um editor. Apesar desses elementos complicadores, porém, o teor do todo, mesmo na publicação final modificada, é, a nosso ver, abundantemente claro. Voltaremos mais tarde à questão das inconsistências.

O tom e o tema filosófico dominantes já aparecem desde o início de Travels. A narrativa da viagem em si é precedida por uma introdução. A frase de abertura desse preâmbulo sinaliza ao leitor que o enfoque da obra é na "Natureza", um enfoque que se afirma ser necessário: "A atenção do viajante deve ser dirigida particularmente, em primeiro lugar, às várias obras da Natureza, para assinalar as distinções dos climas que ele pode explorar e

---

20 Para uma discussão mais aprofundada das ideias de Bartram sobre os animais, ver Walters (1989).

oferecer observações úteis sobre as diferentes produções que possam ocorrer" (Bartram, 1988, p.15). Aqui, a ênfase está na contribuição útil para o conhecimento, em especial para o botânico e zoólogo, como Bartram passa a especificar.

Mas o curto segundo parágrafo anuncia o credo filosófico-religioso: "Este mundo, como um aposento do ilimitado palácio do soberano Criador, está guarnecido com uma variedade infinita de cenas animadas, inefavelmente belas e agradáveis" (ibid., p.15). Várias páginas adiante, lemos:

> Em cada ordem da natureza, percebemos uma variedade de qualidades distribuídas entre os indivíduos, projetadas para diferentes fins e usos; parece evidente, no entanto, que o grande Autor distribuiu imparcialmente seus favores às suas criaturas, de modo que os atributos de cada uma parecem ter importância suficiente para manifestar o trabalho divino e inimitável. (ibid., p.17)

A introdução desenvolve a ideia de que essas qualidades e atributos são dos mais diversos tipos. As obras vivas da natureza, vegetais e animais, impressionam o observador pela sua beleza, harmonia, mistério espantoso, singularidade, tamanho, complexidade etc., bem como pela engenhosa utilidade para o organismo em si e para os outros, incluindo o homem. Nenhuma produção individual da natureza exibirá todas ou a maioria das características dessa lista eminentemente subjetiva, mas cada um possui pelo menos uma que evoca surpresa e admiração. Surpresa, na verdade, é uma das notas principais de *Travels*, que projeta o que Josephine Herbst (1954, p.119) chama de "visão encantada do universo" de Bartram.

Além desse sentido de maravilha expresso, a introdução, tanto quanto a obra como um todo, aponta para uma consciência ecológica da interconexão e da unidade entre os seres vivos. Mais especificamente, Bartram (1988, p.19) sugere que "[o] princípio vital ou a causa eficiente do movimento e da ação, no sistema animal e vegetal, [...] pode ser mais similar do que geralmente consideramos", e que o "sistema moral" dos animais talvez não seja tão diferente ou inferior ao da humanidade, como se costuma supor (ibid., p.21). Uma das várias anedotas de sua viagem contadas na introdução exemplifica, em termos empíricos, a sensibilidade ecológica do autor. Bartram se depara com uma grande aranha à espreita de uma presa, um abelhão. O texto descreve cuidadosamente como a aranha, em toda sua destreza, executa um ataque bem-sucedido levando em consideração o comportamento previsto não só da abelha, mas também do ser humano ali presente – não como um observador científico destituído de corpo, mas como parte da situação natural. Bartram conclui a anedota colocando-a no contexto da cadeia alimentar mais ampla. A aranha se escondeu sob algumas folhas para devorar a abelha, mas, "talvez antes de anoitecer, tenha se tornado ela mesma o delicioso repasto noturno de um pássaro ou lagarto" (ibid., p.25).[21]

Ao longo da narrativa que prossegue daí, passagens recorrentes reforçam e desenvolvem a visão anunciada na introdução. No início da jornada, enquanto remava pelo Rio Altamaha no leste da Flórida, o autor medita extasiado "sobre as cenas maravilhosas da natureza primitiva, ainda não modificadas pelas mãos do homem" (ibid., p.65). Alguns meses depois, em outro rio da Flórida – o St. John's –, Bartram reflete que, em contraposição a um companheiro de viagem provisório que parecia querer apenas se estabelecer no comércio e prosperar, sua "principal felicidade consistia em rastrear e admirar o poder, a majestade e a perfeição infinitos do grande Criador Todo-Poderoso" (ibid., p.82), e acrescenta, mas como se repensasse o que passou, que sua felicidade também vinha da expectativa de fornecer conhecimento útil. Ainda mais tarde, quando ele chega ao curso superior do St. John's, em uma área muito remota e habitada apenas por indígenas seminoles e pelos poucos comerciantes que lidam com eles, Bartram experimenta uma plenitude paradisíaca. Acampando com um companheiro, ele se sente extremamente feliz e, ecoando um antigo tropo da cultura ocidental, associa seu estado ao de

---

21 Trata-se de uma das passagens muitas vezes usadas como exemplo das reflexões de cunho ecológico de Bartram. Outra, envolvendo os pequenos "efêmeros", de vida muito curta, que habitam os pântanos, é o exemplo escolhido por Chris Magoc (2002, p.107) para sua seleção de textos ambientalistas, pois ela "captura a essência do pensamento ecológico em seu período embrionário".

50 ANTICAPITALISMO ROMÂNTICO E NATUREZA

uma era dourada primitiva. Relembrando uma noite passada perto da fogueira, o autor exclama:

> Quão supremamente abençoadas foram nossas horas nesse momento! Uma abundância de comidas deliciosas e saudáveis... e mentes satisfeitas; sem nenhum controle, mas ditadas pela razão e por paixões ordenadas, bem distante dos espaços de conflito. Nossa situação era como a do estado primitivo do homem, pacífico, contente e sociável. Com os apelos simples e necessários da natureza sendo satisfeitos, éramos todos como irmãos de uma só família, alheios à inveja, à malícia e a rapina. (ibid., 109-110)

Nessa passagem, Bartram comunga com outro ser humano no meio da Natureza. Em outras, no entanto, ele sente uma proximidade semelhante com os animais, como em um momento bem posterior de suas viagens, quando ele

> adentrou pelos campos de morangos para se deleitar com os frutos, deliciosos e aromáticos, acolhido por comunidades de perus esplêndidos, de cervos imprevisíveis, e todas as tribos livres e felizes, que possuem e habitam aqueles campos prolíficos, que apareceram para convidar e se juntarem a mim na participação do generoso banquete que nos foi oferecido no colo da natureza. (ibid., 282)

Aqui, Bartram está em território cherokee, e, algumas páginas depois, seu relato fornece outra descrição arrebatadora de campos de morango, desta vez compartilhada não com cervos e outros animais selvagens, mas com uma série de garotas indígenas (ibid., p.88-90). O relato do encontro dele e de seu companheiro de viagem com as meninas, que estão colhendo e comendo frutas silvestres e se banhando, é sensual e erótico sem ser explicitamente lascivo, e depende, para seu efeito, da exuberante paisagem natural em que se passa. Uma tímida nota de humor no final aponta para a atração dos homens em si ser parte da "natureza". Quando, "com a natureza prevalecendo sobre a razão, queríamos pelo menos ter uma participação mais ativa em seus deliciosos esportes", um grupo de mulheres mais velhas apareceu e "deu o alarme" (ibid., p.289). A história termina com a partilha de morangos por todos.

À medida que entra e sai de áreas selvagens e atravessa zonas intermediárias que, em certa medida, foram alteradas pela presença europeia, Bartram muitas vezes fala explicitamente da preferência por lugares selvagens em oposição àqueles que foram "melhorados" pelos colonos. Este é o caso, por exemplo, quando ele fala de um momento em que se viu

> cerca de 100 quilômetros ao sul de Altamaha, passando por uma região selvagem desabitada. A súbita transição de ricas colônias cultivadas para altas florestas de pinheiros, savanas escuras e relvadas, não forma, em minha opinião, contrastes desagradáveis; e os novos objetos de observação nas obras da natureza logo reconciliam a imaginação surpresa e a mudança. (ibid., p.42)

A insistência do autor de que esta é sua opinião parece indicar que ele está contradizendo uma reação contrária comum. Como foi apontado por muitos comentadores, as descrições de Bartram a respeito das regiões selvagens com frequência se baseiam no "sublime", uma forma literária que começava a surgir na época e que celebra a intensidade de fenômenos naturais descontrolados e extremos.[22] Obviamente, no entanto, esperava-se que o leitor de *Travels* provavelmente respondesse com a preferência mais tradicional por terras cultivadas e "melhoradas".

Outro contexto em que o contraste entre terras alteradas e inalteradas pela colonização pode se tornar tangível é quando Bartram revisita um local que passou por uma transformação desde sua visita anterior. Nas margens do Lago George, por exemplo, na cabeceira do Rio St. John's, Bartram lembrou que

> [há] cerca de quinze anos eu visitei este lugar, em uma época em que não havia colônias de pessoas brancas, mas tudo parecia selvagem e agreste; ainda assim, nesse estado não cultivado, o lugar possuía um ar de grandeza quase inexprimível, que agora estava totalmente mudado. (ibid., 101)

---

22 Stephanie Volmer (2010, p.78) aponta para a grande diversidade de estilos em *Travels*, incluindo notavelmente o "sublime" e o "pitoresco".

52 ANTICAPITALISMO ROMÂNTICO E NATUREZA

Desde a visita anterior, ele foi limpo, recebeu plantações e depois foi abandonado, de modo que agora estava pouco atraente e desértico (ibid., p.102).[23] Desse modo, Bartram celebra sobremaneira a natureza selvagem pela qual ele viaja e na qual se detém, preferindo-a a terras colonizadas por europeus. Esse ponto de vista, entretanto, não permanece totalmente inalterado em *Travels*. Em várias ocasiões, quando perto da costa e ainda na zona habitacional inglesa, Bartram expressa uma admiração considerável pelas "melhorias" feitas nas terras de alguns dos produtores comerciais pelas quais ele passa a caminho de territórios mais remotos (ibid., p.37, 77, 85). Ao mesmo tempo, ele elogia regularmente o caráter dos próprios produtores.

Além disso, em vários lugares, Bartram usa um tipo de figura retórica comum em outros relatos de viagens britânico--norte-americanos, como aquele ao qual aludimos na narrativa de John Lawson. O viajante, em uma paisagem selvagem ainda sob o controle de indígenas, evoca em sua imaginação – e no texto – o que a terra poderia se tornar se estivesse sob o controle e a propriedade britânicos. A implicação é que a mudança seria desejável, e o objetivo do trecho é fornecer informações úteis para os interessados em participar de empreendimentos coloniais. Um desses exemplos ocorre quando Bartram está recontando sua passagem pela região dos *creeks* e *choctaws*. Ele comenta em determinado ponto que "o território situado sobre esse riacho, e o espaço entre ele e o rio, exibe toda a aparência de uma região agradável e frutífera em algum dia no futuro, sendo um solo rico

---

23 Em seu recente estudo sobre o rio St. Johns no século XVIII e seu tratamento por Bartram, Daniel Schafer (2010, p.6) sugeriu que Bartram muitas vezes optou por não mencionar as plantações existentes na época de suas viagens de 1773-77, criando assim "um mundo idealizado de natureza imaculada [...] e baseou essa visão em suas observações do vale do rio feitas em meados da década de 1760". Entretanto, como evidencia a supracitada passagem, o autor em alguns casos se referiu a mudanças que ocorreram entre as duas viagens. De maneira geral, como Kathryn Braund (2010, p.439) aponta, em *Travels* Bartram se refere continuamente às transformações da terra, tanto por colonos europeus quanto por nativos norte-americanos.

AS VIAGENS DE WILLIAM BARTRAM EM "TERRITÓRIO... 53

e extremamente bem situado para todos os ramos da agricultura e do pastoreio", acrescentando que as hidrovias a partir dali permitiriam "a navegação ininterrupta à baía do México e ao Oceano Atlântico" (ibid., p.309).

Essas passagens são poucas, no entanto, e uma delas é reveladora porque, nela, Bartram parece involuntariamente trair seu verdadeiro ponto de vista:

> Esta vasta planície, junto com as florestas contíguas a ela, se permitida (pelos seminoles, que são soberanos dessas regiões) estar sob a posse e a cultura de mecânicos e plantadores engenhosos, exibiria em pouco tempo outras cenas que não as de agora, por mais encantadoras que sejam; pois, pelas artes da agricultura e do comércio, quase todas as coisas desejáveis na vida podem ser produzidas e abundantes aqui. (ibid., p.199)

Duas coisas distinguem esta passagem das formulações usuais em outros relatos de viagens. Primeiro, os seminoles são mostrados como os "soberanos" que teriam de ceder livremente suas terras caso a mudança ocorresse. Segundo, o trecho "por mais encantadoras que sejam" revela o arrependimento subjacente sentido pelo autor ao pensar que a beleza natural do local, mantida pelos indígenas, poderia desaparecer. Em outras passagens, com efeito, Bartram critica severamente os colonos pela destruição de belezas naturais (por exemplo, ibid., p.213).

Parece, então, como já sugeri, que os trechos dissonantes, por mais que limitados, podem ser atribuídos à intervenção editorial ou à pressão mais sutil exercida por fortes normas prevalecentes sobre uma sensibilidade que era atípica e marginal ao extremo. Nesse sentido, a diferença entre a versão manuscrita inicial e a obra publicada tenderia a corroborar a alegação de que essas passagens não correspondem às sensibilidades mais profundas de Bartram. Como o próprio Thomas Hallock (2001, p.112) observou, "o texto em geral mostra pouco interesse na expansão [...] e retrata a natureza como fonte de inspiração em vez de uma mercadoria". O mesmo pode ser dito sobre o fato de Bartram geralmente ter uma boa disposição para com os plantadores perto da costa em *Travels*. Christopher Iannini (2012, p.199), outro comentador que enfatizou a implicação de Bartram no colonialismo britânico,

54 ANTICAPITALISMO ROMÂNTICO E NATUREZA

reconhece que a figura do "plantador benevolente" não aparece em nenhuma das versões manuscritas conhecidas. Além disso, Bartram é basicamente muito mais crítico em relação ao comportamento dos brancos nas regiões nativas. Os brancos que ele encontrou eram colonos, agrimensores e comerciantes, mas a maioria deles era de comerciantes. Embora tivesse o costume de viajar sozinho e quase sempre desfrutasse disso, em muitos casos ele foi obrigado – especialmente devido às tensões entre indígenas e brancos – a se juntar a caravanas, em grande parte constituídas por comerciantes, para percorrer longos trechos de terras não colonizadas. Embora tenha feito amizade com alguns comerciantes – principalmente entre os mais velhos e mais experientes, cuja sagacidade ele elogia de vez em quando –, essas ocasiões foram excepcionais, como ele mesmo aponta.

Quando viajava com comerciantes, Bartram optava, na maioria das vezes, por ficar separado deles durante o caminho, preferindo a companhia de plantas e animais. Ao relatar uma dessas expedições com uma companhia de comerciantes na travessia de alguns de seus terrenos prediletos na Flórida, Bartram observa que

> [tendo] um cavalo bem-humorado sob meu comando, eu geralmente me mantinha à frente dos meus companheiros, o que eu escolhia fazer com frequência, considerando o que as circunstâncias ofereciam e provocavam, por uma questão de reclusão e observação. (ibid., p.187)

O modo de viajar desses homens brancos é totalmente diferente daquele dos indígenas, e Bartram critica fortemente suas práticas. Eles levantam acampamento no final da manhã e interrompem a jornada já no meio da tarde. Mas o que mais incomoda Bartram, como ele comenta em relação à outra excursão posterior, mais a oeste na região dos *choctaws*, é o fato de pressionarem os cavalos de maneira impiedosa, aos berros e xingamentos, acompanhados de chicotadas contínuas, enchendo o ar com um "constante alvoroço e confusão, algo inexprimivelmente desagradável" (ibid., p.351). Esse modo de viajar exibe a insensibilidade dos comerciantes ao sofrimento dos animais (Bartram ficou particularmente angustiado, na excursão pela região dos *choctaws*, com o sofrimento de seu próprio cavalo, que se exauriu seriamente por causa do passo "infernal" da caravana) e, ao mesmo tempo, a total indiferença deles aos cenários naturais pelos quais passavam.

A crueldade dos viajantes brancos na selva também se estende aos animais selvagens. Bartram conta um incidente em que ele e seus companheiros de viagem foram abordados por um crocodilo durante a noite. A pessoa que o descobriu logo se viu cercada por todas as outras pessoas do grupo, "pois se tratava de uma rara diversão". Eles atacaram o crocodilo com tições e enfiaram lanças na garganta dele. Enquanto poucos eram a favor de "pôr fim à vida e ao sofrimento do animal com um tiro de espingarda [...], a maioria pensou que isso os privaria cedo demais da diversão e do prazer de exercer suas várias invenções de tortura" (ibid., p.210). Só quando se cansaram do jogo é que deram um fim ao sofrimento do animal. Bartram relata um acontecimento semelhante em uma data muito posterior, quando outra companhia de comerciantes avistou uma ninhada de filhotes de lobo, perseguiu-os e capturou um deles: "um dos nossos o pegou pelas patas traseiras, e outro lhe bateu na cabeça com a coronha da arma – um esporte bárbaro!" (ibid., p.319).

Essa indiferença aparentemente generalizada ao sofrimento dos animais costuma ser acompanhada por uma falta de preocupação com o desperdício de recursos naturais. Bartram fica indignado em um ponto quando seus companheiros de viagem matam e cozinham uma tartaruga da qual eles sabem que não conseguirão comer mais da metade: "meus companheiros, no entanto, pareciam indiferentes, estando no meio da abundância e da variedade, ao nosso alcance a qualquer momento, e que podia ser obtida com pouco ou nenhum esforço ou cansaço da nossa parte" (ibid., p.159). Até mesmo um dos comerciantes mais velhos, com quem Bartram tem uma relação amigável, parecia compartilhar dessa atitude. Quando um grupo com o qual os dois viajavam localizou uma manada de cervos, "me esforcei para suplicar pela vida deles; mas meu velho amigo, embora fosse um sujeito sensato, racional e bom, não cedeu à minha filosofia" (ibid., p.174). Esses exemplos destacam de forma impressionante a natureza excepcional da consciência de Bartram a respeito das questões ecológicas no contexto norte-americano do século XVIII, em que a abundância natural era aparentemente infinita. Em contraposição ao comportamento dos brancos está o dos indígenas, que, para Bartram, estão *em casa* em seus *habitats* naturais, que eles tratam de maneiras que parecem mantê-los em vez de destruí-los. Esses *habitats* constituem uma espécie de lar utópico para o próprio Bartram, que está mal adaptado à mentalidade e ao mundo britânico-norte-americanos e busca fugir deles. Vejamos, por exemplo, o comentário de Bartram sobre uma cena com a qual se deparou no leste da Flórida:

> Entrei no bosque e depois atravessei algumas planícies e savanas quase ilimitadas, que eram absolutamente encantadoras; tinham sido queimadas recentemente por caçadores indígenas e agora haviam recuperado toda sua alegria primaveril e verdejante. Como é feliz a localização desse recôndito da terra! Que lugar elísio, onde o seminole errante, guerreiro nu, pele-vermelha, vagueia livres, e depois de uma vigorosa perseguição se retira do calor escaldante do sol meridiano [...] Seduzido por essas visões de felicidade terrestre [...] eu perambulava por terrenos distantes [...], dava meia-volta e, ao anoitecer, voltava para o nosso acampamento. (ibid., p.107)

Nessa passagem, Bartram demonstra tanto uma compreensão de como os indígenas desempenharam um papel ativo na modificação (sem dilapidação) do meio ambiente natural quanto uma percepção lírica de que eles são os habitantes da utopia da Natureza.[24]

---

24 Desde os anos 1990, vários livros e artigos acadêmicos questionam o estereótipo do "indígena ecológico". Embora tenham sido benéficos no combate a simplificações excessivas e por fornecerem uma correção bem--vinda à ideia de que os indígenas eram "filhos da natureza" passivos que nunca moldaram ativamente o meio ambiente de acordo com seus propósitos, muitas das afirmações e dos argumentos defendidos permanecem especulativos e controversos. Muitas das questões levantadas por eles são objeto de debate contínuo, e eles não forneceram nenhuma demonstração conclusiva de que as práticas indígenas, pelo menos antes que a presença dos europeus começasse a influenciar seu comportamento, produziram efeitos prejudiciais ou autodestrutivos em seu meio ambiente. Para uma publicação recente que sintetiza discussões anteriores e contribui para o

Conforme relatado por Bartram, os indígenas que ele conheceu muitas vezes reconheciam reciprocamente nele um companheiro de alma, uma exceção entre os europeus, que não desejava se apropriar de suas terras. Um chefe seminole deu a ele "permissão ilimitada para viajar pelo país com o objetivo de coletar flores, plantas medicinais etc., saudando-me com o nome de Puc Puggy, ou caçador de flores, recomendando-me à amizade e proteção de seu povo" (ibid., p.163). Outro disse "que eu era como um de seus próprios filhos ou povo, e deveria ser igualmente protegido" (ibid., p.201). Em *Travels*, então, Bartram se apresenta como alguém que encontrou seu verdadeiro lar em um meio ambiente natural intocado, como o filho adotivo de seus guardiões nativos norte-americanos.

Os desenhos

Nos numerosos desenhos que Bartram produziu para seu patrono John Fothergill durante a viagem de 1773-77 – alguns deles reproduzidos em *Travels* –, bem como naqueles que ele fez antes e depois, encontram-se muitos aspectos da perspectiva idiossincrática de Bartram traduzidos em termos visuais.[25] Embora destinados a propósitos científicos, eles quase sempre projetam a própria maneira de Bartram de interpretar e responder ao mundo natural. Como Thomas Hallock destacou em seu estudo da obra de arte de Bartram, eles combinam o mimético, o estético e o emotivo de modo a evocar uma vitalidade tremenda.[26] Embora não possamos aqui empreender uma análise completa dos desenhos, algumas observações gerais são necessárias como um complemento à discussão anterior sobre as obras escritas de Bartram.[27]

---

debate atual, ver *Native Americans and the Environment*: Perspectives on the Ecological Indian (Harkin; Lewis, 2007).

25 As reproduções da importante coleção Fothergill, mantida no Museu Britânico, podem ser encontradas em na organização de Joseph Ewan (1968). Uma seleção ampla de desenhos e aquarelas cobrindo toda a carreira de Bartram (1996) está incluída em *Travels and Other Writings*.

26 Ver Thomas Hallock (2009, p.43-60).

27 Para discussões mais amplas sobre os desenhos de Bartram, incluindo sua relação com os de outros ilustradores naturalistas, como Mark Catesby e

Muitos dos desenhos de Bartram transmitem um dos principais aspectos da visão ecológica do autor, um senso de unidade e interconexão no mundo dos seres vivos. No nível mais simples, e mais próximo dos propósitos taxinômicos de muitas das obras, as representações de plantas específicas muitas vezes exibem os diferentes estágios do ciclo de vida do organismo. Mas, além disso, uma grande quantidade de imagens inclui não uma, mas várias formas de vida, tanto vegetais quanto animais, muitas vezes misturando as duas. Em um desenho, por exemplo, vemos uma planta, um pássaro, um caranguejo e uma concha, em outro várias plantas, um pássaro e um peixe. Em alguns casos, os organismos são simplesmente justapostos, mas, em outros, eles são mostrados em interação. Com os animais, o tipo de interação mais comum é a ingestão. Uma delas é retratada no processo de um animal devorar o outro, como na descrição textual da aranha e da abelha já mencionada. Em vários desenhos, testemunhamos uma cobra que come um sapo, enquanto em outro uma cobra maior está quase terminando de engolir uma menor. Em outras imagens, o animal está apenas olhando para sua presa, mas com uma intenção clara. Em um caso, um pássaro em um galho olha para um inseto que está voando; em outro, um pássaro aquático aponta o bico para um pequeno crustáceo em uma praia.

Embora algumas das representações de formas de vida de Bartram sejam feitas contra um fundo neutro e sem características, em muitas delas ele acrescenta um elemento de inter-relação ao retratar os meios ambientes típicos dos organismos em questão. Assim, para dar apenas um exemplo, no desenho já aludido de uma cobra que come outra, as cobras são retratadas à beira de um corpo-d'água; na água há uma planta aquática, e a costa está toda coberta de grama, onde há uma tartaruga. Aos vários princípios de unidade em ação nos desenhos de Bartram, que incluem analogia morfológica, ciclo de vida e cadeia alimentar, podemos acrescentar o princípio do *habitat*.

Audubon, ver a dissertação de Amy R. Weinstein Meyers (1985, caps. 3 e 4), intitulada Sketches From the Wilderness: Changing Conceptions of Nature in American Natural History Illustration: 1680-1880, e seu livro muito posterior, intitulado *Knowing Nature*: Art and Science in Philadelphia, 1740-1840 (Meyers, 2011, p.137-153).

AS VIAGENS DE WILLIAM BARTRAM EM "TERRITÓRIO... 59

Mesmo que a maioria dos desenhos seja de assuntos não humanos, em um deles aparece o bojo de um cachimbo feito em pedra ao lado de uma planta, um caracol e um inseto rastejante, estabelecendo uma conexão com a cultura indígena.[28] De maneira mais ampla, no entanto, uma ponte entre a vida humana e a não humana é sugerida por aquilo que impressionou muitos observadores como a expressividade antropomórfica de muitas das plantas e animais de Bartram. Na verdade, Thomas Hallock (2009, p.53) menciona, em tom de aprovação, um de seus alunos que sentiu que eles parecem ter "personalidade". Desse modo, assim como pela beleza estética – das linhas e às vezes das cores – do que imagina deles, Bartram expressa sua imensa atração pelos habitantes do mundo natural, até mesmo sua identificação com eles.

Recentemente, a abordagem que analisa criticamente os textos à luz da política de controle e dominação colonial tem sido aplicada com frequência à história natural e à escrita sobre a natureza. Mary-Louise Pratt (1992), cujo *Imperial Eyes* foi uma obra seminal para essa escola de pensamento, cunhou o termo "anticonquista" para descrever o papel desempenhado pelos primeiros viajantes das ciências naturais. Deste ponto de vista, como resumiu Christoph Irmscher, "os naturalistas foram os cúmplices bem-dispostos, embora ligeiramente confusos, do imperialismo ocidental",[29] visto que seu projeto iluminista de impor e estender a compreensão e classificação racional da Natureza andava de mãos dadas com o ataque imperial e colonial. Alguns analistas da obra de William Bartram o incluíram nessa avaliação. James Cox, autor de um estudo sobre literatura de viagem no sul dos Estados Unidos, aponta que uma vertente da discussão crítica sobre Bar-

---

28 Essa justaposição de um artefato indígena com organismos animais e vegetais pode ser interpretada por alguns como indicativa de uma naturalização dos nativos americanos por parte de Bartram, mas, a partir da discussão anterior, já deveria estar claro que esse não era o caso. Bartram considerava os indígenas seres humanos totalmente "civilizados", mas que participavam de uma civilização muito mais integrada ao mundo natural do que a dos colonizadores europeus.

29 Que eu saiba, essas imagens não foram mencionadas em nenhuma outra discussão desses manuscritos.

tram e suas *viagens* afirmou que "as tendências exploradoras [do autor] superam suas sensibilidades 'ambientalistas'" (Cox, 2005, p.44). Com o que foi exposto até aqui, esperamos ter mostrado o contrário e, além disso, que a verdadeira natureza de Bartram é oposta à de explorador.

Neste capítulo, tentamos demonstrar que o trabalho de Bartram representa uma contribuição inicial significativa para o desenvolvimento do ambientalismo em vários aspectos: em sua consciência protoecológica dos biossistemas, em sua mudança de perspectiva do "antropocentrismo" para o "ecocentrismo", em sua valorização da natureza "selvagem" fora do controle dos seres humanos e em seu desejo de proteger a natureza da depredação humana. Também mostramos que a visão ambiental de Bartram está intimamente ligada à sua alienação e crítica à sociedade colonialista comercial na qual ele nasceu, argumentando que, apesar de algumas aparentes ambiguidades e contradições, a visão de mundo de Bartram é romântica e radical em seu cerne.

Muitos fatores contextuais podem ser usados para explicar como as obras de Bartram às vezes se desviam desse núcleo. Na América Britânica do século XVIII, e, *a fortiori,* na Filadélfia, um de seus principais centros urbanos, a pressão da ideologia dominante – utilitarista, expansionista, tecnologicamente manipuladora – era intensa. Nesse contexto, também de um período de transição altamente volátil, muitas ou talvez a maioria das produções intelectuais estavam repletas de tensões não resolvidas. Desse modo, não surpreende que – por meio do processo editorial, tanto interno quanto externo, como sugerimos – a obra publicada de Bartram tenha manifestado algumas dessas falhas. É provável que seu temperamento, aparentemente afetuoso e avesso a conflitos, também tenha desempenhado um papel, predispondo-o a buscar a conciliação de posições. Ao ler *Travels*, às vezes sentimos, como afirma Thomas Hallock (2001, p.130), um "desejo de escape" – de escapar ao confronto com realidades desagradáveis e intratáveis. No entanto, esse nem sempre é o caso. E, mais importante, as hesitações ocasionais de Bartram não devem obscurecer a natureza e o poder de sua visão essencial.

CAPÍTULO 2

THOMAS COLE, PINTOR-PROFETA DO DESASTRE ECONÔMICO

Thomas Cole (1801-1848) é amplamente reconhecido como uma figura importante na arte norte-americana do século XIX e como o talentoso fundador da escola de pintura de paisagem Hudson River. Mas sua arte tem um significado cultural, ético e social muito mais amplo e profundo. "O curso do império" (1834-36), sua série monumental, é nada menos do que um manifesto filosófico, histórico e político, e suas paisagens são muito mais do que simples descrições "naturalísticas". Nascido na Inglaterra, Cole emigrou com sua família para a América em 1818 e se estabeleceu em Nova York em 1825. Embora grande parte de suas pinturas trate de temas norte-americanos, sua formação em inglês é essencial para compreender seu trabalho.

Há um consenso de que Cole é um pintor romântico, mas é preciso perguntar o que significa "romantismo" quando se faz essa afirmação ou pressuposto. Para muitos historiadores da arte (como para muitos historiadores da literatura, conforme discutimos na introdução), o romantismo é um período na história da arte moderna que corresponde mais ou menos à primeira metade do século XIX. Cole é visto como parte desta "época romântica" e influenciado por outros artistas românticos contemporâneos, na Inglaterra ou nos Estados Unidos, com os quais partilha traços tipicamente românticos. Para nós, é possível entender melhor a arte de Cole se o percebermos como parte de um movimento cultural anticapitalista romântico mais amplo, tal como o concebemos. Abordar o trabalho dele dessa maneira nos permite apreender uma coerência subjacente de seu mundo artístico, bem como seu estado de espírito profundamente *antagônico*.[1] Ele certamente era um romântico conservador, mas bem atípico. Sua arte contém uma poderosa denúncia da idolatria de Mamon, a loucura e destrutividade da guerra, a *hybris* dos impérios comerciais guerreiros, a desumanidade da cultura "utilitária" e a moderna destruição do meio ambiente natural. Em muitos aspectos, ele parece estar à frente de sua época, e sua arte ressoa com questões e sensibilidades do nosso tempo. Isso é particularmente verdadeiro em relação ao seu protesto contra o tratamento utilitário do meio ambiente.[2]

Depois de discutir o contexto social da arte de Cole e sua obra escrita, vamos nos concentrar na obra-prima de Cole, *O curso do império*. Existe uma bibliografia considerável de história da arte sobre Thomas Cole, e vários estudos de suas pinturas são de grande valor, especialmente o trabalho de Alan Wallach e Angela Miller. Como não somos historiadores da arte, mas estudiosos interdisciplinares que praticam uma forma de sociologia da cultura, não temos nenhuma pretensão neste capítulo de contribuir para as discussões mais especificamente disciplinares de Cole. Mas esperamos que, ao interpretar sua arte em termos de nosso conceito de anticapitalismo romântico, e ao enfatizar a questão ambiental, possamos lançar uma nova luz sobre Cole e contribuir para uma reavaliação de seu significado cultural mais amplo.

O contexto social da arte de Cole

Como destacamos no primeiro capítulo, o sistema capitalista – aquela ruptura sem precedentes com as sociedades

---

1 Em seu importante estudo de Cole, Angela Miller (1993, p.48, cap.1) fala de seu "romantismo adversário".

2 Como enfatiza Alan Wallach (2002, p.341), a palavra "utilitarista" era usada por Cole "com o intuito de indicar um ethos impiedoso de prognóstico capitalista".

THOMAS COLE, PINTOR-PROFETA DO DESASTRE ECONÔMICO   63

anteriores que instituiu o domínio dos mecanismos de mercado quantitativos sobre todos os valores e relações sociais qualitativas – tornou-se dominante na Europa e na América do Norte no século XVIII, mais acentuadamente na Inglaterra e sua colônia norte-americana de povoamento. Thomas Cole, então, foi criado e formado por ambos os países que estavam na vanguarda da florescente modernidade capitalista em expansão. Nesses países, as estruturas básicas da nova ordem econômica já haviam sido implantadas no século anterior ao seu nascimento. No que diz respeito à América do Norte britânica, embora uma sociedade totalmente de mercado tenha se desenvolvido de forma progressiva ao longo do século XVIII, o ponto crítico da "transição para o capitalismo" foi o período em torno da Revolução Americana.[3]

Após a Guerra Anglo-norte-americana de 1812, no entanto, e especialmente entre as décadas de 1820 e 1840, o capitalismo norte-americano entrou em uma nova fase – um período de "decolagem" impulsionado por uma série de inovações essenciais: o rápido crescimento da manufatura e das cidades, particularmente Nova York, que se tornou o centro urbano predominante, e a "revolução dos transportes", constituída pela construção e extensão de uma ampla rede de estradas "melhoradas", e o desenvolvimento de novas formas de transporte – o canal, o barco a vapor e a ferrovia. Essa renovação dos meios de transporte facilitou a vasta expansão territorial que também caracterizou o período, marcada por um conflito maior com os povos indígenas e seu deslocamento forçado para o oeste, bem como pelos conflitos imperiais externos, especialmente a Guerra Estados Unidos-México (1846-48). Todos esses desenvolvimentos e outros – industrialização, urbanização, expansão agressiva e exploração comercial de terras – colocam uma pressão imensa sobre o meio ambiente natural nas áreas afetadas, muitas vezes transformando e desfigurando paisagens e prejudicando ecossistemas.[4]

---

3   Para um resumo dos debates em torno da questão, ver o texto "The Transition to Capitalism in America: A Panel Discussion" (Clark, Vickers, Aron, Osterud; Merrill, 1994) e Merrill (1995). Ver também as importantes contribuições de James Henretta (1991) e Allan Kulikoff (1992).

4   Ver Melvyn Stokes e Stephen Conway (1996, p.27).

64 ANTICAPITALISMO ROMÂNTICO E NATUREZA

À medida que os Estados Unidos seguiam esse caminho de rápido crescimento e mudança socioeconômicos no início do século XIX – no que costuma ser chamado de "América Jacksoniana" –, fortes correntes ideológicas que os apoiavam se tornaram proeminentes: a confiança otimista no "progresso" imanente, definido como riqueza material, a doutrina do utilitarismo e o culto do "self-made man". Ao mesmo tempo, no entanto, como tem enfatizado cada vez mais a historiografia recente, também havia um sentimento de ansiedade e dúvida sobre a direção que estava sendo tomada pela sociedade norte-americana, além de anseios nostálgicos por uma era – parcialmente mítica – em que prevaleceu outro éthos. Essas tendências costumavam ser articuladas em termos religiosos. A obra de Cole ressoa com essa tendência na cultura norte-americana da época, mas a expressa de forma especialmente coerente, crítica e "antagônica".[5]

Um grupo social específico que expressava essa resistência à mudança e um sentimento de nostalgia foi o que Alan Wallach chama de "aristocracia de Nova York", entre os quais estavam os primeiros norte-americanos a reconhecer o talento de Cole e patrocinar seus esforços artísticos. Como afirma Wallach, entretanto, esse grupo não era uma aristocracia no sentido europeu, mas sim um grupo de riquezas antigas, amplamente oriundas do comércio, em oposição à nova riqueza dos "self-made men". Embora haja alguma sobreposição entre a visão de Cole e o ponto de vista desses "aristocratas" norte-americanos, trata-se de uma oposição parcial e, em grande medida, uma aparência enganosa. Eles eram tão fundamentalmente apegados aos valores mercantis quanto os novos ricos, e sua nostalgia por uma estrutura passada nunca teve a profundidade crítica da de Cole (Wallach, 1998, p.97-98).[6]

Da mesma forma, não podemos identificar a postura de Cole, em termos políticos, com o Partido Whig apoiado por muitos de seus patronos da elite nova-iorquina da velha riqueza, contra os "democratas" jacksonianos em ascensão. Embora tenha apoiado

---

5 Sobre os vários aspectos do período aqui mencionados, além da obra que acabamos de citar, ver Miller (1972); Hietala (1985); Sellers (1991); Feller (1995); Noll (2002).

6 Sobre as relações de Cole com seus patronos, consulte também Alan Wallach (1994).

William Henry Harrison, do Partido Whig, na corrida presidencial de 1840, o interesse de Cole pela política partidária era limitado e esporádico.[7] Além disso, embora o Whigs e o Democratas se opusessem em questões como a política indígena e a Guerra Estados Unidos-México – e, nos dois casos, Cole claramente estivesse ao lado do Whigs –, em um nível socioeconômico mais fundamental, eles não estavam divididos; ambos os partidos advogavam totalmente os fundamentos capitalistas da ordem social.

Assim, apesar de alguma ligação limitada a tendências e grupos ideológicos nos Estados Unidos, Cole continuou sendo, ao longo de sua vida e carreira, uma figura relativamente marginal. Ellwood Parry, estudioso de Cole, enfatiza esse posicionamento "excêntrico" de Cole em seu ensaio *On the Outside Looking In: Thomas Cole as a Critic of American Culture*.[8] Na verdade, Cole parece ter consideravelmente permanecido ao longo da vida um estranho em relação à sociedade norte-americana para a qual emigrou. Em uma importante reconsideração recente de Cole, Tim Barringer argumentou que a infância e a juventude do pintor em Lancashire, Inglaterra, em um meio semelhante ao das irmãs Brontë – período em que a "modernidade industrial" fazia rápidas incursões na "paisagem sublime e desabitada" e em que abundava a resistência ludita à industrialização –, foi o fator determinante de sua sensibilidade, estendendo-se por toda sua vida adulta na América (Barringer, 2011, p.3).

O ponto de vista de Cole – expresso em seus escritos, aos quais nos voltaremos agora –, mais do que o de qualquer norte- -americano, demonstra afinidades com os de alguns europeus que visitaram os Estados Unidos no início do século XIX, bem como com os escritores românticos ingleses cujas obras ele conhecia bem. Um dos amigos mais próximos de Cole nos Estados Unidos foi o poeta e jornalista William Cullan Bryant, que desempenhou um papel fundamental na introdução do romantismo inglês e europeu naquele país. Cole e Bryant compartilhavam de um forte interesse por Wordsworth, Coleridge e Byron, em particular.[9]

---

7 Ver Angela Miller (1989, p.67).

8 Ver Robinson et al. (1993).

9 Sobre as conexões de Cole com o romantismo inglês, ver Samantha C. Harvey (2017); ver também Miller (1993, p.23-24, 57-58).

A obra escrita de Cole

Além de pintar e desenhar, Cole produziu um conjunto de escritos muito substancial, tanto em prosa – que assumia uma variedade de formas: diários, cadernos, cartas, ensaios, esboços – quanto em poesia. Essas expressões de si por meio das palavras – consideravelmente mais abundantes do que as da maioria dos paisagistas do século XIX – nos permitem uma via de acesso valiosíssima às visões e aos sentimentos de Cole e, além disso, à sua cosmovisão geral, em cujo contexto podemos interpretar melhor suas criações visuais. Embora possamos encontrar perspectivas variadas dependendo do público abordado, algumas ambiguidades e uma evolução em certos aspectos, o que é notável no geral é uma visão consistente que perpassa sua obra escrita como um fio.

O cerne dessa visão é o que poderíamos chamar de contranarrativa romântica à perspectiva ideológica dominante da "América jacksoniana" e, de maneira geral, da era de expansão e desenvolvimento capitalista iniciais. Esta última foi uma versão "burguesa" do pensamento iluminista, que considerava a história humana como a ascensão triunfante, por etapas, que partia de um estado primitivo de empobrecimento e subdesenvolvimento, falta de civilização e refinamento, "selvageria" e "barbárie", e seguia para um estado de excessiva riqueza, realização técnica e bem-estar geral no presente. Nessa visão, o futuro seria simplesmente mais um desdobramento – espetacular – deste, através da expansão da "civilização" na forma de comércio, indústria e tecnologia. A narrativa de Cole sobre a humanidade é a da cosmovisão romântica, uma inversão exata da narrativa burguesa – o presente é uma queda catastrófica de um estado anterior de plenitude. Quanto ao futuro, ele é desconhecido, mas o desenvolvimento contínuo das tendências atuais pressagia um desastre apocalíptico.

Os escritos em prosa de Cole incluem muitas críticas contundentes e radicais à sociedade norte-americana em que viveu. Ele via a cena norte-americana de sua época como um processo – a arena em que o drama da invasão da modernidade se desenrolava diante de seus olhos. De uma "selva" anteriormente habitada por povos indígenas cuja marca no meio ambiente natural era luz, a terra foi se transformando rapidamente, tendo destruídas sua harmonia e beleza naturais. Em 1829, alguns anos depois de sua chegada a Nova York, Cole escreveu: "Nada é mais desagradável para mim do que ver terras sendo desmatadas cheias de árvores prostradas – tocos pretos –, queimadas e deformadas. Toda a beleza nativa da floresta levada pelo homem que se aprimora" (apud Miller, 1993, p.60). O machado usado por colonos e construtores para derrubar as árvores que ele amava tornou-se para ele um poderoso símbolo de destruição.[10]

Cole também observou no processo a atuação crucial das formas modernas de transporte – ferrovias, canais e barcos a vapor. Sua principal declaração pública sobre a paisagem norte-americana – "Essay on American scenery" – foi apresentada pela primeira vez como uma palestra no New York Lyceum em 1835 e publicada no ano seguinte. Nela, Cole celebrou as terras naturais selvagens que ainda existiam no Vale do Hudson e alertou sobre o risco que elas corriam por causa das forças do "progresso". Depois, em 1840, ele propôs como tema de debate no Lyceum a questão "Seriam as ferrovias e os canais favoráveis ou desfavoráveis para a moral e a felicidade da geração atual nos Estados Unidos?", sugerindo, talvez pela própria formulação da pergunta, que sua própria resposta seria negativa.[11] De fato, quando no ano seguinte ele entregou seu "Essay on American scenery" para o Catskill Lyceum, ele anexou uma passagem que criticava severamente os construtores que desfiguraram o terreno perto de sua casa (ele se mudou para lá de Nova York em 1836) para construir uma ferrovia através dela.[12]

Nessa resistência à intrusão de uma ferrovia em um local de beleza natural, a voz de Cole foi apenas uma de um coro de vozes românticas inglesas – no sentido mais amplo da nossa definição

---

10 Para esta imagem em um contexto mais amplo, ver Nicolai Cikovsky Jr. (1979).

11 Ver Matthew Baigell (1981, p.24). Sobre a atitude de Cole em relação às ferrovias, e em particular aquela construída em Catskills enquanto ele morava lá, ver Wallach (2002).

12 Ver David Schuyler (2012, p.44). Versão posterior do "Essay on American scenery" foi reproduzida com o título "Lecture on American Scenery" na edição organizada por Marshall Tymn (Cole, 1980, para a passagem final adicionada, ver p.210-12).

de romantismo – ao longo do século XIX. Em 1844, William Wordsworth conduziu uma campanha malsucedida para impedir a passagem de uma linha ferroviária através do Lake District, e protestos antiferrovia foram iniciados na década de 1870 por grupos que incluíam Carlyle, William Morris e John Ruskin. O comentário deste último sobre os efeitos dessa invasão da modernidade industrial em *Fors Clavigera* – sua série de cartas dirigidas aos trabalhadores ingleses – poderia muito bem ter sido escrito por Cole: "Vocês não se importaram nem com os deuses nem com a grama, mas com o dinheiro [...] Vocês construíram uma ferrovia através do vale – explodiram as rochas [...]. O vale se foi, e, com ele, os deuses..."[13]

Em seu próprio protesto, Cole não hesita em inverter as designações da narrativa burguesa a que nos referimos, chamando os responsáveis por essas depredações de "bárbaros", e, em uma carta ao seu patrono Luman Reed , identifica esses bárbaros dos tempos modernos, por sua motivação primária, como "utilitaristas endeusados pelo dólar".[14] Além disso, em uma passagem não datada de um de seus diários, Cole demonstra uma perspicácia excepcional em apontar – e acusar – o produtivismo e a ganância como fins em si mesmos exibidos por esses "utilitaristas" no início da história dos Estados Unidos: "O senhor da criação esqueceu seu elevado privilégio, afundou-se na sujeira da (avareza) [...] Este mundo é um paraíso, mas o homem faz dele um purgatório. – Ele labuta para produzir mais com o que labutar. Ele acumula para engrandecer". A mesma nota contém uma declaração comovente do que Cole vê como sua missão como artista:

> Se eu puder induzir uma só alma [...] a olhar a natureza com um olhar amoroso, serei totalmente recompensado [...] Se pelo menos um puder saber que há algo mais [...] digno de ser conhecido além

---

13 John Ruskin, "The White Thorn Blossom", *Fors Clavigera*: Letters to the Workers and Labourers of Great Britain, 1886: Carta 8 (Maio de 1871), citada em Florence S. Boos (1999, p.26). Sobre os protestos românticos ingleses contra ferrovias, ver Scott Hess (2012, cap. 3: "Wordsworth's environmental protest: the kendal and windermere railroad and the cultural politics of nature").

14 Ver Schuyler (2012, p.43; para exemplos, do termo "bárbaro", ver p.37).

THOMAS COLE, PINTOR-PROFETA DO DESASTRE ECONÔMICO   69

do estado das ações ou das últimas invenções do barco a vapor. (apud Miller, 1993, p.60)[15]

Esse, então, era o presente de Cole. Intensamente alienado dessa realidade, ele indica em sua escrita um anseio por um passado em que os seres humanos respeitavam o meio ambiente natural e viviam em uma relação harmoniosa com ele. No "Essay on American scenery", ele identificou o mundo da natureza como um "Jardim do Éden", mas do qual o homem moderno se excluiu, o que não ocorreu com períodos anteriores da sociedade humana. Na verdade, o anseio de Cole parece se direcionar para dois meios ambientes naturais e humanos distintos do passado pré-moderno: a "região selvagem", habitada originalmente por povos "selvagens", e a natureza "pacificada" por comunidades bucólicas de pequenos camponeses ou agricultores. Vestígios dessas duas épocas que mais o atraíam subsistiram, de alguma forma, em cada um dos dois continentes que ele conhecia, embora a natureza selvagem estivesse, é claro, muito mais presente nos Estados Unidos. Seus comentários em cartas a respeito de suas duas viagens pela Europa (1829-32, 1841-42), nas quais passou notavelmente por longos períodos no interior da Itália, particularmente na região de Florença, sugerem que ele estava dividido, sentindo fortemente a influência de ambas.[16]

---

15 O "Essay on American scenery", original de Cole, contém uma formulação bem parecida com a primeira parte do diário: "O espírito da nossa sociedade é levar a cabo, mas não desfrutar – labutar para gerar mais labuta, acumular para engrandecer" (Cole, 1980, p.6).

16 Em uma carta a um patrono, William Dunlap, após sua primeira visita à Itália, Cole escreveu que, na região de Florença, ele se sentiu livre "dos cuidados e negócios da vida, o vórtice da política e do utilitarismo que não para de girar em meu país". Nessa carta, ele comparou a Itália com a modernidade norte-americana, mas em uma carta a outro patrono, Robert Gilmor, o contraste era com a natureza norte-americana, e Cole confessou que embora amasse o cenário e a cultura italiana que experimentou, nada lá o afetara "tão fortemente quanto [...] as regiões selvagens dos Estados Unidos". Em uma anotação de diário em 1841, porém, durante a segunda viagem, Cole lamentou que, nos Estados Unidos, "carecemos de associações como o apego a cenas do Velho Mundo" (apud Baigell, 1981, p.18; Ferber, 2009, p.168; Miller, 1993, p.62).

Quanto ao futuro, quando muito, Cole aceitava como inevitável o desenvolvimento contínuo dos Estados Unidos conforme já vinha acontecendo. No "Essay on American scenery", ele afirmou que esse era "o caminho que a sociedade tem que percorrer", mas seu julgamento ambíguo de que ele "*pode* levar ao refinamento no final" (grifo nosso) trai um profundo ceticismo sobre a possibilidade de os Estados Unidos transformarem seu atual materialismo bruto em uma cultura mais humana (Cole, 1980, p.17).[17] Com muito mais frequência, encontramos nos escritos de Cole – e especialmente nos inéditos, nos quais ele podia se expressar com mais liberdade, sem ser impedido por considerações das pessoas às quais ele se dirigia – premonições de um resultado apavorante das tendências que via se formar. Um texto particularmente notável é um ensaio/esboço, nunca publicado por Cole, chamado *Verdura, or a Tale of After Time*. Apresentado como uma visão do futuro, ele abre: "O fim do século XX foi uma temporada apavorante na história do homem – pois o mundo estava permeado pela indignação e pelo erro. O vasto continente da América foi povoado com centenas de milhões. O arado sulcou a última pradaria...". Nessa distopia imaginada, a natureza selvagem foi totalmente destruída, e o princípio do individualismo desenfreado levou à violência anárquica em uma luta desigual por recursos escassos.[18] Com sua ênfase na superpopulação, há sem dúvida ecos de Malthus aqui, mas Cole só percebeu estar no coração da sociedade moderna em combinação com o foco na aquisição. Cole também via e criticava a violência no presente como uma consequência terrível da ânsia expansiva por mais terras a explorar – e ele condenava veementemente a guerra de 1846 com o México.[19]

Esses temas também se refletem na copiosa produção poética de Cole, que permaneceu quase toda inédita até sua morte. Muitos poemas, especialmente os primeiros, mostram fortes afinidades

---

17 Também citado em Wallach (1994, p.67).
18 Citado em Robinson et al. (1993, p.82).
19 Em uma carta, Cole se referiu a ela como a "vil guerra mexicana" (ver Miller, 1993, p.25).

THOMAS COLE, PINTOR-PROFETA DO DESASTRE ECONÔMICO   71

com o romantismo europeu e inglês.[20] Mas um poema é de particular relevância para nossa discussão da crítica romântica de Cole à modernidade, pois ele fornece um paralelo textual com "O curso do Império".

Em "The lament of the forest", publicado em uma importante revista literária de Nova York em 1838,[21] o poeta, sozinho em um lugar ermo e montanhoso, ouve ao crepúsculo a voz personificada da floresta. Fala da história geral da natureza e de como ela passou por ciclos, no velho mundo, de espoliação pelo homem, o "destruidor", de ressuscitação com a queda de impérios beligerantes, e depois de mais destruição nas mãos do homem. O continente americano, no entanto, foi poupado por muito tempo, já que os nativos de lá amavam a região selvagem. Quando os europeus chegaram, porém, "deu-se início à desolação [...] E o fogo e o aço cumpriram bem seu ofício". Os europeus chegaram como um "furacão humano", e a voz lamuriosa da floresta anunciava a ruína total e imanente:

> Nossa ruína se aproxima: eis que de leste a oeste
> Os céus escurecem pela fumaça crescente;
> Cada monte e cada vale se tornaram
> Um altar a Mamom, e os deuses
> da idolatria do homem – as vítimas, nós. (Cole, 1972, p.111-12)

Essa visão da catástrofe, de propensões fortemente apocalípticas, tem paralelos com as correntes de compreensão existencial do Romantismo britânico. O retrato sombrio de Blake da devastação moderna – uma "terra desolada" cada vez mais coberta por "moinhos satânicos sombrios" – anunciava o apocalipse, embora na estrutura salvadora, em última instância, de sua

---

20   Ver, por exemplo, "Fancy", "The vision of life" e "To the Moon" (Cole, 1972, p.32-37). Além dos autores românticos britânicos já mencionados, há também em Cole semelhanças perceptíveis com a poesia de Shelley e Keats.

21   Publicado em *The Knickerbocker*, esta versão do poema foi editada por William Cullen Bryant, amigo de Cole, mas tem apenas alguns detalhes de expressão diferentes da versão manuscrita de Cole. As duas versões estão incluídas em (Cole, 1972, p.100-12).

72 ANTICAPITALISMO ROMÂNTICO E NATUREZA

crença religiosa. O poema "Darkness", de Byron (1817), vai além ao imaginar a morte final da Natureza sem a redenção divina. E o romance *O último homem* (1826), de Mary Shelley, retrata o fim da humanidade por causa de uma praga que se espalha por nações beligerantes "civilizadas".[22] Em todas essas projeções de angústia apocalíptica há pelo menos um reconhecimento implícito da responsabilidade humana pela destruição natural, mas o que chama a atenção no poema de Cole, e na fantasia em prosa *Verdura* citada previamente, é que a ligação é direta. Além disso, no poema é a própria Natureza, na forma da floresta, que fala. Como veremos, "O curso do Império" expressa a premonição de Cole da ruína feita pelo homem em uma série de pinturas, fundindo sua visão histórica do velho e do novo mundo em uma única progressão pictórica.

"O curso do Império" como visão romântica

A série intitulada "O curso do Império" (1834-1836) é amplamente considerada a obra de arte mais significativa de Cole, sua obra-prima. Destinada à galeria na mansão de seu patrono Luman Reed, é composta de cinco painéis ordenados em uma sucessão histórica: I. *O estado selvagem*; II. *O estado arcádico ou pastoril*; III. *A consumação do Império*; IV. *Destruição*; V. *Desolação*. Todas as pinturas retratam a mesma cena – uma grande baía cercada por colinas –, mas em horários diferentes do dia, indo do amanhecer ao anoitecer, estabelecendo um paralelo entre os diferentes estágios da civilização humana retratados em sua progressão. Em seu anúncio para a exibição da série, Cole cita duas linhas do Canto IV de *Childe Harold*, de Byron: "Primeiro a liberdade e depois a Glória; quando aquela falha, Riqueza, vício, corrupção".[23] A referência é sugestiva e fornece uma chave para as três primeiras pinturas da série.

"O curso do Império" era muito popular entre o público norte-americano, mas essa popularidade parece em grande parte

---

22 Sobre essa tendência distópica e apocalíptica do romantismo britânico, ver James C. McKusick (2000, p.29-30) e Kate Rigby (2014, p.16-18).
23 Ver Alan Wallach (1968, p.378).

ter sido baseada em mal-entendidos. De modo geral, os admiradores de Cole pensavam que a obra era uma alegoria do destino dos impérios europeus – em particular do declínio do Império Romano –, sem nenhuma relação com os Estados Unidos de sua época. E a maioria daqueles que pareciam entender que Cole também falava do futuro dos Estados Unidos não concordava com ele. Por exemplo, um artigo publicado no semanário *New York Mirror* na época da exposição comentou que a visão cíclica da história manifestada na série descreve "aquilo que aconteceu em todas as épocas passadas", mas não se aplica aos Estados Unidos, que serão salvos da destruição pela democracia e pelo progresso material (apud Wallach, 1994, p.95). Claro, a arquitetura clássica que aparece na série parece europeia, mas isso por si só não é conclusivo, uma vez que a elite norte-americana copiou estilos greco-romanos em seus edifícios públicos. Da mesma forma, poderíamos dizer que a águia imperial, que aparece em algumas das pinturas, era um símbolo dos impérios romano e norte-americano. Como enfatiza Angela Miller:

> A negação coletiva do assunto real de Cole – os Estados Unidos na década de 1830 – fazia parte do que um historiador posterior chamou de "confissão e síndrome de evitação", na qual os norte-americanos repetiam ritualmente as lições da história do Velho Mundo apenas para negar sua aplicabilidade presente [...] Formulando sua alegoria nacional em trajes romanos antigos, Cole lembrou aos norte-americanos que a analogia imperial traçada por eles entre si e a segunda grande república do Velho Mundo tinha dois gumes. (Miller, 1993, p.34)[24]

Alan Wallach (1994, p.90) argumentou de forma convincente que, em "O curso do Império", Cole apresentou de forma alegórica uma filosofia pessimista da história e uma crítica republicana agrária da política do presidente Jackson. Para nós, no entanto, o foco principal da rejeição de Cole ao império americano jacksoniano é uma crítica anticapitalista romântica fortemente articu-

---

24 No entanto, não podemos concordar com Miller quando ela sugere que a série tem a ver com "ciclos econômicos" ou "flutuações do mercado".

74 ANTICAPITALISMO ROMÂNTICO E NATUREZA

lada ao comercialismo ligado às ambições imperiais e à guerra.[25] Diríamos também que essa crítica não surge exclusivamente de uma perspectiva "republicana agrária", mas também de uma forte identificação com a "região selvagem". Como tentaremos mostrar por meio da discussão de cada painel, todo o ciclo é uma expressão pictórica impressionante de uma visão romântica da história em geral e dos perigos que ameaçam os Estados Unidos em particular. É uma obra "profética", não no sentido usual de predizer o futuro, mas no sentido bíblico – um aviso de catástrofe iminente, a menos que o povo, ou a nação, mude seu curso. Ellwood Parry a chama de jeremiada, alertando um povo imprudente sobre as adversidades e os desastres à frente. É uma boa caracterização, com a ressalva de que o ciclo diz respeito não só ao "desastre à frente", mas aos processos que já estão ocorrendo (Parry, 1993, p.34).

Ao considerar a visão de história sustentada por Cole e que está por trás de "O curso do Império", é preciso abordar a questão de sua relação com a teoria "cíclica". Os conceitos de história como ciclos que se sucedem predominam pelo menos desde a Antiguidade grega, mas na Europa e nos Estados Unidos do século XVIII o que se tornou particularmente influente foi uma forma secularizada dessas concepções, em particular conforme sintetizada em *History of the Decline and Fall of the Roman Empire* (1776-88) [História do declínio e queda do Império Romano], de Edward Gibbon, publicado nos Estados Unidos em 1804. Esse ponto de vista também foi desenvolvido de uma forma explicitamente generalizada em *Les Ruines, ou meditations sur les revolutions des empires* [As ruínas, ou Um levantamento das revoluções dos impérios; original em francês: 1791; tradução para o inglês de 1796], de Volnay. Essa concepção de processo histórico que envolve a ascensão de uma civilização, sua maturidade e, por fim, sua derrocada, desenvolveu-se lado a lado e em contraposição com a visão progressista à qual aludimos anteriormente como diretamente contestada por Cole em seus escritos. A relação de Cole com a teoria cíclica, entretanto, é mais complexa.

Não há dúvida de que, em sua conceitualização geral de "O curso do Império", Cole foi fortemente influenciado pela visão

---

25 Em um ensaio posterior, Wallach (2014, p.304-18) defende a centralidade da noção relacionada de "luxo" na série.

cíclica. Sua citação do *Childe Harold* de Byron, que o resume de maneira enfática, indica que ele tinha esse esquema em mente antes de tudo. A conexão fica ainda mais clara se considerarmos que o título original que Cole pensou em dar à sua série foi "O ciclo da mutação". Além disso, mesmo depois de escolher o título que a série de pinturas acabaria recebendo, Cole usou a forma plural para anunciá-la – "O curso dos Impérios" – para enfatizar o caráter repetitivo e cíclico do "curso" ali representado.[26] Portanto, embora a noção cíclica sem dúvida seja importante para Cole, é apenas um componente de sua visão da história, que, em última análise, é complexa e aberta. Os norte-americanos que no século XVIII e início do século XIX adotaram a teoria cíclica – em particular, como dito por Wallach, muitos dos pais fundadores que adotaram uma forma de "teoria republicana clássica"[27] – muitas vezes a combinavam com o progressismo e o excepcionalismo norte-americano: sociedades europeias corruptas experimentaram repetidos ciclos de ascensão e queda, mas o "império" norte-americano, por ser fundado em princípios melhores, seria diferente, inaugurando uma nova era de progresso sem fim.[28] Cole rejeitava essa perspectiva otimista e autocongratulatória sobre os Estados Unidos e advertia que lá uma ascensão também poderia ser seguida por uma queda. Mas isso não significa que acreditava que o ciclo norte-americano seria simplesmente uma parte da eterna repetição do padrão cíclico da história. Como vimos na discussão de seus escritos, há uma tendência *apocalíptica* bem marcada na sensibilidade de Cole. Tanto em poesia quanto em prosa, ele expressou o temor de que os tipos de depredação cometidos pela civilização norte-americana moderna no meio ambiente natural pudessem levar a danos e desastres irreparáveis. Nesse sentido, ele contrapunha ao otimismo norte-americano predominante

---

26 Ver Wallach (1968, p.376, 378).

27 Ver Wallach (1994, p.91).

28 Cole tirou o título de sua série de uma estrofe de um poema de George Berkeley: "Para o oeste o curso do império segue seu caminho; / Os quatro primeiros Atos já passados, / Um quinto encerrará o Drama com o dia; / A prole mais nobre do tempo é a última". Como aponta Wallach, mais tarde no século XIX, após o surgimento da série de Cole, essa estrofe passou a obter cada vez mais uma interpretação totalmente otimista, sendo identificada com "Manifest Destiny" (Wallach, 1994, p.109-10, n.195).

76 ANTICAPITALISMO ROMÂNTICO E NATUREZA

um pessimismo que vai além da visão cíclica. Pois ele sugeriu – notadamente no esboço distópico *Verdura*, não publicado – que a civilização norte-americana poderia não só ser vítima do mesmo destino cíclico que os europeus, mas que poderia causar uma desolação da qual não haveria retorno. Esse temor, é claro, tem uma ressonância particular para nós hoje.

O prognóstico de Cole, no entanto, não era uniformemente determinístico. Suas declarações públicas tendiam a ser menos desoladoras do que as ideias expressadas em seus diários, e no "Essay on American scenery", por exemplo, ele sustentou a possibilidade de que, apesar das indicações contrárias da realidade atual, os norte-americanos poderiam enfim conseguir valorizar e preservar o "Éden" em que viviam. Para ele, aliás, promover esse objetivo era uma função crucial da arte, especialmente da arte de paisagem. Embora as perspectivas para os Estados Unidos fossem austeras, o resultado não estava determinado a priori. É por isso que argumentamos que "O curso do Império" pode ser interpretado como uma espécie de profecia bíblica – um aviso tenebroso e um chamado à consciência.

O passado (pinturas 1 e 2)

Cole concebeu a ideia de uma série sobre a ascensão e queda de um império no final da década de 1820, antes de fazer sua primeira viagem à Europa, como atestam anotações feitas em seus cadernos na época. Ele continuou desenvolvendo o projeto durante e depois de sua visita ao Velho Mundo e acrescentou uma nova dimensão a partir de suas descobertas e reflexões sobre as ruínas da antiguidade romana. Enquanto esteve na Europa (1829-32), ele executou a primeira versão da pintura de abertura da série: *Uma cena selvagem* (1831-32).[29] A estrutura geral da série é indicada claramente nos diagramas que Cole fez mostrando como as cinco pinturas deveriam ser dispostas na galeria de Luman Reed. As duas primeiras pinturas foram colocadas à esquerda de

---

29 Ver Baigell (1981, p.46).

THOMAS COLE, PINTOR-PROFETA DO DESASTRE ECONÔMICO 77

uma lareira, uma em cima da outra, enquanto as duas últimas simetricamente à direita. A pintura do meio, que era maior, foi colocada entre as outras, acima da lareira. Essa peça central era o império em sua maturidade – *A consumação do império* –, enquanto à esquerda estavam representados dois estados do passado, e à direita dois estados de um futuro projetado.

Desse modo, as duas primeiras pinturas estavam separadas como um primeiro par dentro do conjunto geral de cinco pinturas, espelhando um segundo par que ficava de frente para o primeiro, do outro lado da lareira. Essas representações de duas configurações sociais imaginadas do passado – *O estado selvagem* e *O estado arcádico ou pastoril* – tratam os aspectos da natureza selvagem e do cultivo benigno como estágios separados do desenvolvimento humano e da sua relação com o meio ambiente natural, aspectos esses que costumavam estar juntos nas pinturas de Cole. Mesmo nestas, entretanto, a distinção não é absoluta.

Se compararmos *O estado selvagem* com *Uma cena selvagem*, a versão que ele pintou na fase inicial do projeto geral, veremos várias diferenças aparentes. Do nosso ponto de vista, uma dessas diferenças se destaca como particularmente importante: o retrato dos seres humanos "selvagens" presentes nas duas versões. *Uma cena selvagem* os retrata apenas como caçadores, e além de tudo isolados; já *Um estado selvagem* mostra outras atividades e fornece uma imagem da vida em comunidade. Essas representações estão situadas na extrema direita da pintura. Na água, na parte inferior e em primeiro plano, há dois barcos, parecidos com canoas, impulsionados por dois remadores cada. Acima deles, em um platô, há um círculo de tendas indígenas com uma fogueira no centro; em volta dela há várias figuras humanas envolvidas em um jogo ou dança. Mais à esquerda na pintura há alguns caçadores, a maioria deles reunidos no centro, enfatizando o caráter coletivo da atividade.

Todos os caçadores estão em áreas elevadas e abertas iluminadas pela alvorada, e estão se movendo rapidamente para a direita em busca de caça. É como se trouxessem consigo a luz crescente, que surge à esquerda, mas já banha a aldeia no planalto na extrema direita. Aqui há uma representação de "selvagens" que contradiz implicitamente um estereótipo corrente na época de Cole, de povos primitivos como seres inferiores envoltos na escuridão da ignorância.[30] Eles aparecem na pintura como parte de seu meio ambiente natural, vivendo em simbiose com ele através da caça, mas também como criadores do artesanato humano: em sua aldeia simples, mas estruturada, e nos barcos leves que não só estendem a mobilidade com eficácia, mas também exibem elegância artística em suas linhas.

Portanto, os "selvagens" na pintura são mostrados como membros e participantes de uma comunidade humana dinâmica e, como tais, contrastam com diversas pinturas individuais de Cole, nas quais um ou vários nativos norte-americanos olham passivos para a selva ao redor, aparentemente contemplando seu fim. *O estado selvagem*, por outro lado, retrata a sociedade primitiva em pleno florescer. Essa comparação, porém, suscita a questão da localização da cena em *O estado selvagem*. Esta primeira pintura da série, na verdade, é a que associa a narrativa com mais veemência aos Estados Unidos. As habitações e os barcos dos "selvagens" se assemelham às tendas e canoas dos ameríndios; além disso, há um enorme abeto – de uma variedade mais comum no nordeste da América do Norte do que na Europa Ocidental – quase no meio da pintura; e, por fim, o sol que nasce à esquerda sobre um vasto corpo-d'água pode sugerir uma vista voltada para o sul na costa leste norte-americana. Cole parece, então, querer estabelecer um vínculo com a América do Norte desde o início. Mas a identificação não é absoluta. Cole mistura as referências visuais de modo que a mensagem transmitida não seja vinculada apenas à América do Norte ou à Europa. Uma indicação particularmente notável dessa mistura proposital de signos culturais pode ser vista no detalhe do caçador maior, à esquerda da pintura. Ele empunha um arco, uma arma tipicamente ameríndia, mas tem barba, o que

---

30 Em sua dissertação sobre "O curso do Império", Ellwood Parry sinaliza um "pentimento", quase imperceptível, de outro caçador na área sombria sobre uma rocha plana perto da parte inferior da pintura. Esta figura parece ser o vestígio, quase totalmente coberto, de uma fase anterior da concepção, mais como a de "Uma cena selvagem", na qual os significados simbólicos veiculados em "O estado selvagem" ainda não haviam sido desenvolvidos (Parry III, 1970, p.81).

os ameríndios nunca tiveram. Consequentemente, ele une em uma figura o caçador primitivo do passado recente da América do Norte e o da Antiguidade Europeia.

Com *O estado arcádico ou pastoril*, Cole continua a narração do desenvolvimento humano antes do advento do império moderno. Da mesma forma que *O estado selvagem* tem algo em comum com *Uma cena selvagem*, esta segunda pintura da série tem semelhanças com *Sonho de Arcádia*, de Cole (1838). Em *O estado arcádico ou pastoril*, a caça deu lugar à agricultura e à pecuária, com um lavrador no topo de um monte à esquerda e um pastor com seu rebanho em cima de um cômoro gramado no centro. A aldeia cresceu e passou para a água, enquanto as canoas foram substituídas por embarcações maiores, talvez de alto-mar, que mantêm, no entanto, as linhas elegantes das embarcações anteriores. As atividades de música e dança evoluíram, tornando-se passatempos praticados em uma clareira arborizada. No canto inferior esquerdo, um homem idoso desenhando uma figura geométrica na terra evoca os primórdios do pensamento científico, e uma mulher de frente para ele, no canto inferior direito, segurando as ferramentas da tecelagem, personifica as artes práticas. A arquitetura também se desenvolveu, como manifestado por um grande templo semelhante a Stonehenge que fica no platô onde antes estava a aldeia primitiva. No entanto, apesar dessas evoluções na sociedade humana, esta ainda é retratada como totalmente integrada ao mundo natural. Embora grande parte da paisagem tenha sido domesticada para o uso e a habitação dos seres humanos, ela mantém seus contornos originais e grande parte da vegetação, especialmente árvores. A face mais selvagem da natureza também é preservada, visível no promontório que se sobressai ao fundo e aparece, em diferentes formas, ao longo da série, bem como no pico majestoso além dele, escondido por nuvens em *O estado selvagem*, mas agora discernível a distância.

O estado arcádico ou pastoril inclui, no entanto, dois detalhes que são premonições do que está por vir. No centro inferior, a figura sombria de um soldado com capacete avança para a direita. No caminho dele há um menino desenhando a figura de um soldado na superfície de uma ponte de pedra, como o próprio Cole especificou em sua descrição da pintura. Um segundo detalhe igualmente fatídico aparece no canto inferior direito, cortado parcialmente pela borda da imagem: o tronco de uma árvore muito grande que foi arrancada. Esses detalhes preparam o espectador para o que está por vir e sugerem que o paraíso já está ameaçado.

O império moderno: corrupção, guerra, desolação (pinturas 3, 4, 5)

Os três últimos painéis do ciclo dizem respeito ao Império: sua apoteose, destruição e as ruínas restantes. Em uma carta a seu patrono Lumen Reed em 18 de setembro de 1833, Cole descreveu a série toda desta maneira: "o homem em seu progresso da barbárie à civilização – ao luxo – ao estado vicioso ou estado de destruição – e ao estado de ruína e desolação" (apud Powell, 1990, p.64). Para o artista protestante, "luxo" e "vício" são inseparáveis e levam à ruína. Essa seção do ciclo provavelmente foi influenciada pelas obras de Gibbon e Volnay, mencionadas anteriormente.

O terceiro painel, o do meio, *A consumação do Império*, representa o ápice da prosperidade urbana e comercial. Mas está longe de ser uma imagem comemorativa. Na verdade, é uma representação visual das características da sociedade moderna (capitalista) que Cole detestava: luxo excessivo, arrogância, riqueza ostensiva, poder insolente. Multidões frenéticas se aglomeram ao redor, enquanto uma procissão pomposa segue uma figura semelhante a Cesar. No primeiro plano à direita é exibida com destaque uma grande cornucópia de bronze, símbolo de opulência ilimitada. Tudo parece *excessivo* no acúmulo perturbador de detalhes que compõe *A consumação do Império*: muita gente, muitos barcos no rio, muitas construções e templos, muito esplendor e parafernália, decorações muito pesadas.

Além disso, embora não haja um Templo de Mamon definido claramente na pintura, há uma semelhança sugestiva entre o edifício monumental que domina o lado esquerdo da imagem e um Templo de Mamon explícito em uma obra posterior. Como declara Ellwood Parry – que estudou em detalhes a "A cruz e o mundo", última série inacabada de Cole –, no estudo para *O peregrino do mundo em sua viagem* a posição do Templo de Mamon junto com a água no centro oferece um paralelo interessante com a estrutura parecida com o Partenon em *A consumação do Império* [...]. No telhado desse edifício com colunas estranhas em espiral, ele colocou uma roda da fortuna e o que pode ser uma estátua com uma cornucópia da qual caem moedas de ouro em cascata até o pavimento abaixo, para a alegria dos tropéis reunidos que idolatram o dinheiro. (Parry, 1988, p.355)

Estudiosos compararam essa pintura ao *Dido Building Carthage* de J. M. W. Turner, que Cole tinha visto anteriormente em Londres (Ferber, 2009, p.191). Na verdade, há uma semelhança na estrutura geral: um grande corpo-d'água entre as escarpas, a arquitetura clássica etc. Mas as diferenças são ainda mais visíveis. A atmosfera geral de agitação febril em Cole é a antítese da paz e da tranquilidade na pintura de Turner. Em vez das multidões abundantes da *consumação*, vemos apenas algumas figuras pacíficas em *Cartago*. E, sobretudo, enquanto a natureza está muito presente na pintura de Turner – na forma de uma árvore gigantesca em primeiro plano –, não existe uma presença tão imponente em Cole.

Na verdade, uma das características mais marcantes de *A consumação do Império* é a *quase completa ausência da natureza* – pouco resta, exceto a água e algumas rochas expostas ao fundo. O exuberante meio ambiente natural, com uma presença tão forte nas pinturas 1 e 2, quase desapareceu sob a arquitetura pesada e monumental que se estende até o horizonte. Da exuberante flora do passado, só restam algumas árvores minúsculas e arbustos escondidos entre as colunas do templo. *A consumação do Império* é a negação radical da paisagem e da região selvagem. Cole detestava intensamente a restrição da natureza na cidade de Nova York que conhecia, e percebeu que as prósperas metrópoles da civilização industrial moderna tendiam implacavelmente a expulsar o mundo natural.

Angela Miller resumiu apropriadamente o *éthos* desse painel:

A religião natural evoluiu para um culto corrupto e idólatra de riqueza e poder. [...] O palco central é sustentado por uma estátua colossal de Minerva, a deusa da cultura e da sabedoria, sob cujos auspícios o jovem império mercantil desafiou os limites naturais.

82 ANTICAPITALISMO ROMÂNTICO E NATUREZA

Duas enormes balizas, ou phari, que marcam a foz da baía, celebram o domínio do comércio [...]. Uma geometria rígida substitui
as linhas sinuosas da paisagem antes pastoril. (Miller, 1993, p.30)

Como na história do Império Romano, os excessos do luxo
carregam as sementes da corrupção, da tirania e do declínio.
Obviamente, Cole não representa literalmente Nova York nesta
tela. Embora a arquitetura romana possa ser neoclássica norte-
-americana, as roupas da população são antigas, e os navios no porto não são barcos a vapor, mas embarcações arcaicas. No entanto,
parece haver uma intenção manifesta de mostrar ao público
norte-americano o que acontece quando os impérios se tornam
muito ricos, poderosos e corruptos. A pintura pode ser vista como
uma espécie de resposta artística às ambições imperiais de Andrew
Jackson e admiração ilimitada pelo Império Romano.[31]

A quarta pintura, *Destruição*, é uma paisagem impressionante
de guerra e assassinato. Em terra e no mar, os soldados se matam
em confrontos confusos, enquanto a fumaça sobe para o céu e as
ondas fortes agitam o porto. O Império que está sendo invadido
não é pacífico. Seu símbolo é uma estátua gigantesca de um
guerreiro atacando um inimigo invisível. Falta-lhe a cabeça, e
um braço está quebrado, mas o todo é uma representação poderosa da furiosa violência militar. Os guerreiros são antigos – nem
mexicanos, nem norte-americanos –, e os invasores parecem
estar vencendo a batalha. Na ponte em ruínas há uma figura
em destaque, a cavalo, que levanta a espada, mas não consegue
evitar o desastre. Há outro oficial montado igualmente impotente,
que gesticula no meio de um barco cheio de soldados. Embora
as roupas e as armas dos combatentes sejam antigas, a presença
de um *canhão* defendendo o imenso palácio do lado direito certamente sugere que a cena, além de ser antiga, também se refere
à guerra moderna.

Muitos civis, especialmente mulheres, estão entre as vítimas. Sob a estátua colossal, uma criança morta está deitada nos

---

31 Tim Barringer também sugeriu, em consonância com sua alegação de que
a Inglaterra continuou sendo uma referência essencial para Cole ao longo
de sua vida, que a Consumação "poderia facilmente ser interpretada como
uma visão paródica da Londres Imperial" (Barringer, 2002, p.53).

degras, enquanto sua mãe, atacada por um soldado, ergue os braços para o céu em desespero. No primeiro plano da pintura há uma cena dramática – uma jovem, perseguida por um guerreiro, prefere pular no vazio a cair nas mãos de seu perseguidor. A consideração de Cole se dirige claramente para as vítimas inocentes, mas a lição da pintura, se a relacionarmos com a anterior, parece ser que impérios poderosos e ricos desejam se expandir, tornam-se belicosos, provocam guerras e acabam sendo destruídos.

O último painel, *Desolação*, é um dos mais poderosos. Linda Ferber considera que isso talvez seja "a tela mais original e certamente a mais poética das cinco" (Ferber, 2009, p.192). Iluminado pela pálida luz da lua, o porto está em ruínas; uma enorme coluna representa os vestígios mais visíveis do próspero império. Outras ruínas e algumas colunas quebradas podem ser vistas ao fundo. Nenhuma alma viva é visível nesta paisagem desolada. Mas a natureza voltou. Árvores grandes e todo tipo de vegetação cobrem o local, às vezes crescendo sobre as pedras e mármores quebrados. A baía agora recuperou seus contornos naturais e irregulares. Mas este não é o ambiente natural estimulante das duas primeiras telas. É a natureza após a destruição, entre ruínas e sem nenhuma presença humana. Não há retorno ao estado selvagem da primeira pintura. Como já enfatizamos, esta não é uma história cíclica no sentido de um círculo completo, mas uma narrativa pictórica com um começo e um fim.

As ruínas antigas são um *topos* romântico típico e podem ser encontradas em muitas das pinturas de Cole, particularmente dos períodos em que ele visita a Itália. Mas este é um tipo diferente de paisagem, um mundo triste e desolado de perda e destruição. Há alguma semelhança com o enigmático *Cálice de Titã* (1833), onde o estranho objeto parece ser, como a gigantesca coluna da *Desolação*, um último vestígio prodigioso de uma civilização desaparecida, vítima de sua arrogância. Desse modo, a lição histórica que Cole parece dar ao público norte-americano com "O curso do Império" seria que a América do Norte está caminhando rapidamente dos estágios selvagens e pastoris para um império comercial corrupto, e que seguir esse caminho levará, por meio da guerra e da destruição, à desolação completa.

***

Cole era conservador, inimigo do "progresso" e uma pessoa profundamente imersa em uma cultura tradicionalista e religiosa, mas, como artista romântico e visionário, era um artista muito atípico. Como crítico contundente da modernidade nos aspectos que discutimos, ele levanta questões que são centrais para as críticas radicais que estão sendo feitas em nosso próprio tempo.[32] Considerando o caráter romântico radical e "antagônico" da defesa da natureza selvagem de Cole, seria uma deturpação completa reduzi-lo a um precursor do movimento dos parques públicos dos Estados Unidos. No entanto, é exatamente isso que Frances Dunwell faz em um ensaio com o título promissor *Thomas Cole: Inspiration for the Environmental Movement*. De acordo com Dunwell, Cole e a Escola Hudson River "fizeram da beleza natural uma questão de orgulho e identidade nacionais" e, com a ajuda de pessoas como Andrew Jackson Downing, persuadiram inúmeras comunidades "a estabelecer parques públicos onde todas as classes de pessoas pudessem recrear ao ar livre e desfrutar da natureza". Além disso, Cole e seus colegas artistas "alimentaram uma paixão nacional pelo cenário norte-americano que levou à preservação de paisagens internacionalmente famosas", como os parques de Yosemite ou Grand Canyon (Dunwell, 1993, p.40, 42). Assim, a crítica apaixonada de Cole à desolação produzida por certa barbárie moderna é reduzida a um apelo inofensivo pela "recreação ao ar livre".

Por outro lado, talvez pareça que em seu dramático protesto contra a devastação da natureza, Cole possa ser considerado um dos precursores do movimento ecológico atual. Cole não foi um pioneiro solitário, no entanto. Antes, ele fez parte da ampla corrente romântica na cultura do final do século XVIII e do século XIX que é uma das principais raízes intelectuais da ecologia e do ambientalismo modernos.[33] Obviamente, a perspectiva de Cole é,

---

32 Um exemplo divertido do reconhecimento da importância de Cole por parte da esquerda contemporânea pode ser encontrado no catálogo da primavera de 2016 da editora Verso. A ilustração escolhida para anunciar um livro chamado *How Will Capitalism End?*, de W. Streeck (2016), é o quadro *Destruição*, de Cole.

33 Sobre a linha de desenvolvimento que vai do romantismo inicial ao pensamento ecológico contemporâneo, ver a introdução.

antes de tudo, estética – centrada em valorizar paisagens de beleza natural – e está enraizada em uma visão "encantada" da natureza que parece muito distante de muitas das atuais preocupações ecológicas com as mudanças climáticas, com base em previsões estritamente científicas. Além disso, ele não tinha nenhum programa político e não podia conceber nenhuma forma de ação em defesa da natureza. Seria anacrônico simplesmente identificá-lo com o atual movimento ecológico, nos Estados Unidos ou em outro lugar. Mas sua indignação com as devastações produzidas pelo "progresso" industrial capitalista tem muito em comum com o espírito dos movimentos ecológicos mais radicais dos séculos XX e XXI. Existem, de fato, componentes românticos significativos em algumas correntes do pensamento ecológico moderno: um sentimento de nostalgia pela natureza como um Jardim do Éden perdido, por exemplo, e a admiração pela relação simbiótica com a natureza das comunidades indígenas (notavelmente compartilhada por Naomi Klein, assunto de nosso último capítulo) – sem falar nas perspectivas ecológicas do movimento surrealista de Chicago, que promoveu uma celebração poética e revolucionária da natureza selvagem e da Confederação Iroquesa.[34] Nesse sentido, Cole – como William Bartram, à sua maneira, várias gerações antes – é nosso contemporâneo em muitos aspectos.

---

34 Ver Franklin Rosemont (1989).

Figura 2a. Thomas Cole, O curso do Império: O estado selvagem. 1834. Coleção da New York Historical Society.

Figura 2b. Thomas Cole, *O curso do Império: O estado arcádico ou pastoral*. 1834. Coleção da New York Historical Society.

Figura 2c. Thomas Cole, O curso do império: A consumação do império. 1835-1836. Coleção da New York Historical Society.

Figura 2d. Thomas Cole, *O curso do império: destruição*. 1836. Coleção da New York Historical Society.

Figura 2e. Thomas Cole, O curso do império: desolação. 1836. Coleção da New York Historical Society.

CAPÍTULO 3

O ROMANTISMO REVOLUCIONÁRIO DE WILLIAM MORRIS E A UTOPIA ECOLÓGICA

Tendo em vista nossa definição do romantismo como uma cosmovisão centrada no protesto contra o presente capitalista em nome de valores retirados do passado pré-capitalista, William Morris (1834-1896) poderia ser considerado próximo a um "tipo ideal" no sentido que Max Weber deu a esse termo. Em grande parte dos escritos de Morris, a crítica ao capitalismo foi radical e totalmente explícita, dirigindo-se a alguns dos aspectos mais fundamentais do sistema capitalista. Como vimos com as duas figuras discutidas anteriormente, quem expressa uma revolta anticapitalista romântica não necessariamente entende o capitalismo em termos econômicos exatos, em termos dos meios de produção e do sistema de classes que ele institui, ou o ataca em nome de suas principais vítimas econômicas. Morris, no entanto, no final de sua carreira, se concentra muito precisamente em aspectos cruciais do capitalismo como fenômeno econômico e – também explicitamente – vincula sua recusa à organização capitalista de vida em geral com um senso de perda dos valores humanos encarnados em sociedades anteriores. Nesse período posterior, ele se aproxima do tipo ideal mais específico de "romantismo revolucionário" também, no sentido de que ele claramente articula sua nostalgia pré-capitalista como um "desvio" – uma inspiração em vez de um fim em si mesmo – na busca por um pós-capitalista, futuro utópico. Por fim, em relação à preocupação principal deste livro, Morris constitui ao longo da carreira um dos exemplos mais notáveis da "afinidade eletiva" entre romantismo e consciência ecológica.

A vida e a carreira de Morris manifestam uma diversidade tremenda e, ao mesmo tempo, uma unidade subjacente bem marcada. Ele foi um autor prolífico de poesia, ficção em prosa, traduções, ensaios e palestras; havia sido pintor e arquiteto; foi artesão e designer em uma infinidade de meios (tecidos impressos, pintados e bordados, papel de parede, azulejos, vitrais, móveis e livros produzidos artesanalmente, para mencionar apenas alguns dos mais importantes). A amplitude de suas atividades artísticas foi realmente excepcional. Em todas essas múltiplas formas de expressão, porém, prevalece um conjunto de temas e uma visão singulares. Além disso, a unidade da visão de Morris atravessa uma obra de vida que se divide claramente em dois períodos distintos de duração quase igual.

O primeiro período vai aproximadamente do final da década de 1850 ao final da década de 1870 e é caracterizado pelo envolvimento íntimo de Morris com o movimento pré-rafaelita, em associação com seus amigos Edward Burne-Jones e Dante Gabriel Rossetti. Burne-Jones e Morris se conheceram em Oxford, onde ambos foram fortemente atraídos pelo movimento anglo-católico, que clamava por um retorno ao cristianismo pré-reforma e reverenciava a arte da Idade Média; os pré-rafaelitas levavam essa inspiração medieval para sua visão geral e suas produções artísticas. Nesse período, Morris publicou uma coleção de romances poéticos no estilo medievalista, mas também várias obras que se inspiram na mitologia grega e islandesa. Tudo isso revela um fascínio e um anseio por culturas pré-modernas, recriadas através da imaginação, sem nenhum engajamento político no presente voltado para a mudança social.

No final da década de 1870, entretanto, o pensamento de Morris mudou para a realização da necessidade de agir sobre as realidades do mundo moderno degradado ao seu redor, e ele se envolveu cada vez mais em atividades políticas concretas. Essas primeiras atividades políticas foram centradas especialmente em torno da oposição à negligência e/ou à desfiguração por meio de uma "restauração" disfarçada dos edifícios históricos da

Inglaterra, o que levou Morris a criar, em especial, a Sociedade para Proteção de Edifícios Antigos ("Anti-Scrape", como ele se referia a ela) em 1877. Nos anos seguintes, a reflexão política de Morris se ampliou e se tornou mais radical e, em 1883, ele se declarou socialista. Em 1885, foi um dos fundadores da Liga Socialista, uma ruptura com a Federação Social-Democrata. Mais tarde, Morris preferiu o termo "comunista" para definir seu credo político, que continuou a defender até sua morte. Durante esse segundo período de sua vida, em que sua perspectiva se tornou explicitamente revolucionária, Morris desenvolveu suas reflexões em uma série de ensaios e conferências. Como veremos, embora se identificasse como comunista e se opusesse às tendências anarquistas de sua época, seu pensamento e visão, na verdade, constituem uma combinação original e fecunda de comunismo libertário e anarquismo. Morris foi fortemente influenciado pelo marxismo –estudou O *capital* e outras obras de Marx e Engels, e conheceu pessoalmente a filha de Marx, Eleanor, tendo inclusive colaborado com ela –, mas sua interpretação e uso do pensamento marxiano foram muito próprios.[1]

Portanto, os dois períodos da vida criativa de Morris, em aspectos importantes, se contrastam acentuadamente: de um lado, há um esteticismo que projeta o desejo por formas culturais passadas através de evocações puramente literárias; de outro, há um compromisso político ativo com a mudança revolucionária. E, no entanto, em toda a carreira de Morris, sua visão permanece firmemente romântica, no sentido em que a concebemos. Desse modo, ele ilustra, de forma particularmente notável, uma característica do fenômeno romântico em geral: sua natureza "hermafrodídica", que reúne opostos e abrange todo o espectro de posturas sociopolíticas. Como sugere o subtítulo de sua biografia de Morris, "romântico a revolucionário", E. P. Thompson parece localizar o romantismo de Morris apenas no primeiro período. No esquema de nossa concepção de romantismo, entretanto, ele constitui a cosmovisão mais fundamental que subjaz os dois períodos.

---

1 Sobre a vida e obra de Morris, ver a biografia magistral de E. P. Thompson (1955). Sobre a relação de Morris com o anarquismo, ver Lyman Tower Sargent (1990, p.61-73). Sobre sua relação com o marxismo, ver Paul Thompson (1977, esp. p.218, 223-24, 250-55, 257-58).

94 ANTICAPITALISMO ROMÂNTICO E NATUREZA

Essa persistência do romantismo ao longo da vida de Morris também fica claramente aparente quando consideramos os autores que mais o influenciaram e inspiraram: Thomas Carlyle, William Cobbett e, mais especialmente, John Ruskin. Todos os três manifestam fortes sensibilidades românticas, mas cada um expressa, à sua maneira, o impulso romântico em uma perspectiva retrógrada e até reacionária. Mesmo assim, Morris continuou a se referir a eles com admiração, mesmo depois de se voltar para o comunismo. A influência de Ruskin, que, como Morris estivera intimamente associado aos pré-rafaelitas no período anterior, foi de longe a mais forte, e Morris reconheceu a importância de Ruskin para ele muitas vezes durante seu período revolucionário, bem como antes dele.

Curiosamente, Ruskin tinha uma estima recíproca por Morris, não só no período pré-rafaelita, mas também depois. Em uma carta de 1858, Ruskin comenta: "vi seus poemas [de Morris] recém-publicados sobre o antigo cavalheirismo, e eles são muito nobres – muito, muito grandiosos mesmo – de uma maneira extremamente peculiar". Até que, vinte e cinco anos depois, em 1883, Ruskin se refere a uma palestra de Morris que causou polêmica em termos que mostram sua total aprovação do ponto de vista anticapitalista expressado fortemente por Morris:

> A mudança significativa que o sr. Morris fez no título de sua recente palestra, de "Arte e Democracia" para "Arte e Plutocracia", chega na raiz de toda a questão... As mudanças das quais ele se queixa tão profundamente, e das quais se ressente com tanta veemência, nessa cidade que já foi a mais adorável [Oxford], devem-se inteiramente ao fato crucial de que seu poder agora depende da plutocracia do conhecimento, e não da sua divindade. (Apud Faulkner, 1973, p.189, 190)

Os dois, portanto, estavam cientes de seu terreno comum, que nós identificamos com a cosmovisão romântica anticapitalista, mesmo quando suas posições políticas eram muito distintas.[2]

---

2 Sobre o anticapitalismo romântico de Ruskin, ver Michael Löwy e Robert Sayre (2001, p.127-46).

Um elemento-chave das unidades que temos discutido – entre os dois períodos da vida de Morris, por um lado, e entre Morris e Ruskin, por outro – é a preocupação ecológica como um componente importante da perspectiva romântica. De modo semelhante a Ruskin – que é famoso por falar da "nuvem de tempestade do século XIX"[3] –, a sensibilidade de Morris ao longo de sua vida foi marcada por um amor apaixonado pela natureza e uma consciência angustiada, muitas vezes furiosa, de sua degradação/ameaça no mundo moderno. Todas as outras preocupações principais de Morris e temas em seus escritos estão relacionados a esse assunto central. Embora articulado de maneiras muito diferentes nos períodos pré-rafaelita e revolucionário, e nos variados veículos de expressão usados por Morris nos dois períodos, a preocupação com o mundo natural e a relação do homem com ele permeia a obra de Morris como um todo. Talvez o mais impressionante, visto que raramente se encontra uma conexão tão forte em outro lugar na literatura do compromisso revolucionário, seja que, em Morris, o ideal político e social utópico do período posterior está centralmente ligado ao meio ambiente natural.

A seguir, discutiremos a dimensão ecológica da obra de Morris – e de seu romantismo – nas principais formas criativas em que aparece: o artesanato; os romances; os ensaios e conferências; e, por fim, a fantasia utópica considerada por muitos como a obra-prima de Morris, na qual sua visão atinge sua expressão mais plena: *Notícias de lugar nenhum*. Em seguida, em uma seção final, examinaremos os escritores e movimentos inspirados e baseados, de forma importante, nas intuições ecológicas de Morris.

Morris como artesão

O artesanato costuma ser muito valorizado por artistas e autores românticos, uma vez que é uma forma de produção em sociedades pré-modernas e pré-mecanizadas que se concentra

---

3 Foi assim que Ruskin intitulou suas duas últimas conferências, proferidas em 1884 e reproduzidas em The Library Edition of the Works of John Ruskin (Ruskin, 1905-12, v.34).

principalmente na qualidade da mão de obra, no valor de uso e, muitas vezes, no valor estético, e não no ganho comercial. Além de compartilhar dessa admiração por trabalhos manuais bem feitos, Morris também fez deles um de seus principais veículos criativos. Ao longo de sua carreira, produziu trabalhos artesanais de muitas variedades – geralmente em colaboração com outras pessoas –, começando em 1861 com a criação de uma empresa de artes decorativas em parceria com associados à Irmandade Pré-Rafaelita. Esse empreendimento conjunto, no qual Morris desempenhou um papel predominante desde o início, tornou-se em 1875 a Morris & Co., da qual ele era único dono. A empresa começou com um enfoque em vitrais e passou para a produção de uma ampla gama de designs têxteis e de papel de parede, tornando-se bem conhecida e próspera, e continuando a produção muito depois da morte de Morris (ela deixou de existir apenas em 1940). Esta atividade artesanal – que, para o próprio Morris, envolvia principalmente o design – continuou ao longo de seu segundo período revolucionário, embora nos momentos políticos mais intensos reduzisse um pouco seu envolvimento na empresa. Por esse motivo, ela é um elemento importante – e profundamente romântico – de continuidade e sua obra de vida.[4]

A Morris & Co. era uma empresa comercial que teve momentos muito bem-sucedidos. No entanto, embora tenha sido em sua maior parte gerida com perspicácia após um início amador, nunca foi dirigida para a maximização de lucros. Ela era mais motivada pelo desejo de concretizar um ideal de artesanato que remontasse às técnicas e procedimentos artesanais do passado, em oposição ao desenvolvimento atual da produção industrial em massa, padronizada e barata. Contudo, o compromisso de Morris com técnicas e materiais pré-industriais não era rigidamente inflexível, e ele não se opunha ao uso de abordagens mais modernas quando sentia que elas não comprometiam a qualidade do produto final. No tratamento de têxteis, de vez em quando usava máquinas e substâncias sintéticas, mas preferia trabalhos manuais – como na

---

4 Sobre os tecidos de Morris e sua empresa, ver Oliver Fairclough e Emmeline Leary (1981); e sobre seu trabalho de artes e ofícios em geral, ver Eleanor Van Zandt (1995). As duas obras incluem diversas reproduções coloridas.

impressão de xilogravuras – e matérias-primas naturais – principalmente tintas vegetais em vez de químicas.

Essa preferência levou a uma das duas tensões perceptíveis entre a estrutura mais ampla de ideias de Morris e suas práticas na área do artesanato. Os métodos artesanais e as substâncias naturais geralmente consumiam muito mais tempo e dinheiro do que os métodos industriais recém-desenvolvidos e, consequentemente, tornavam necessário que a empresa de Morris cobrasse preços relativamente altos pelo que produzia, limitando sua clientela aos relativamente ricos. Para sua infelicidade, Morris sabia que esse estado de coisas entrava em conflito com sua crença de que todos os membros de uma sociedade deveriam ter acesso a aprestos belos e bem feitos de suas vidas cotidianas. Embora Morris achasse desconfortável a dissonância entre seu ideal geral e sua prática de produção artesanal, para ele não havia contradição fundamental, pois ele sustentava que seus ideais sociais não poderiam ser alcançados em enclaves utópicos da sociedade atual, mas somente por meio de mudança revolucionária em toda a sociedade.

A segunda tensão talvez tenha sido mais profunda. Pois, embora Morris acreditasse fervorosamente que o trabalho artesanal deveria expressar a criatividade dos trabalhadores que faziam os objetos artesanais, ele na verdade dava pouca liberdade de criação para quem implementava seus projetos, realizando ele mesmo o bordado, a impressão, o tingimento e assim por diante (o próprio Morris só desempenhava essas atividades de vez em quando). Nesse sentido, pode-se dizer que, em seus designs artesanais, ele expressava a sensibilidade individual do artista romântico na sociedade moderna. No entanto, havia aspectos colaborativos de seu trabalho que traziam à tona a criatividade de outras pessoas. Em seus projetos, muitas vezes ele se baseava em precedentes medievais que provavelmente envolveram a inventividade dos artesãos; além disso, algumas de suas produções foram feitas em conjunto com outros artistas associados da empresa, mais especialmente Burne-Jones. No entanto, em termos mais fundamentais, Morris sem dúvida argumentou que a criatividade do trabalhador só poderia florescer completamente e se tornar generalizada em uma sociedade futura revolucionada.

Desse modo, se olharmos para os designs de Morris não tanto como a produção de um artesão *per se*, mas como a expressão de um artista individual imbuído de um conhecimento profundo das tradições artesanais, veremos que ela é permeada por algumas características tipicamente românticas. Em primeiro lugar, quando elementos pictóricos estão presentes, especialmente nas tapeçarias e bordados, eles geralmente representam figuras medievais e antigas, com base em materiais míticos e lendários. Mas o elemento temático primordial nos projetos de Morris – quer incluam figuras humanas, quer não – é o vegetal e, em menor medida, as formas de vida animal. Padrões de folhas, galhos, caules, flores e frutos são os componentes mais comuns e quase onipresentes nos desenhos, enquanto árvores inteiras e pássaros estão presentes em alguns. Os desenhos são sempre bem estruturados, configurando padrões repetidos, às vezes como imagens espelhadas; no entanto, eles geralmente também projetam uma variedade exuberante. Na maioria dos casos, o efeito geral é sugerir um jardim no estilo inglês, ou um bosque cuidado, e não a natureza selvagem. Essas eram as formas da natureza às quais Morris estava mais fortemente ligado.

A nostalgia romântica pelas culturas pré-modernas e o amor pela natureza, em oposição ao mecânico e industrial, são assim reunidos no trabalho de design de Morris. As representações do passado medieval ou lendário também costumam ser enquadradas nas figuras da natureza, ou integrá-las dentro de si. No entanto, mesmo quando não aparece como assunto, a cultura medieval frequentemente apresenta motivos puramente naturais, por Morris se inspirar em modelos medievais. Para Morris, o passado e a natureza eram igualmente importantes e interligados. Por conseguinte, em uma conferência proferida em 1884, ele apresenta os dois aspectos cruciais na formação de um designer:

> Por mais original que um homem possa ser, ele não pode se dar ao luxo de ignorar as obras de arte produzidas em tempos passados, quando o design estava florescendo; ele tem de estudar exemplos antigos, mas também tem de suplementar isso com um estudo cuidadoso da natureza... (apud Fairclough; Leary, 1981, p.9)

Em nenhum dos casos, acrescenta ele, o designer deve imitar de modo servil, sugerindo assim que a relação do artista – e, talvez em termos mais gerais, do ser humano – tanto com o passado quanto com a natureza deve ser interativa e criativa.

Os romances

Assim como fez com sua produção artesanal, Morris registrou o que chamava de "romances" desde o início de sua carreira criativa até o final de sua vida, e sua produção nessa área também foi extraordinariamente prolífica. De uma forma ou de outra, todas essas obras, escritas tanto em verso quanto em prosa, baseiam-se no passado. Com efeito, em uma palestra proferida em 1889, Morris declarou que, para ele, o romance era "o poder de tornar o passado parte do presente" (apud Hodgson, 1981, p.151). Desde muito cedo, Morris criava narrativas baseadas no cavalheirismo medieval e no legendário da Grécia antiga; em seguida – especialmente após duas visitas à Islândia no início da década de 1870 –, foi se voltando cada vez mais para as tradições nórdicas, incluindo as germânicas e escandinavas. Mas a apropriação que fazia desses materiais era altamente pessoal. Seus romances em prosa posteriores, que muitas vezes evocam novos mundos imaginários, foram chamados algumas vezes de "romances de fantasia" e são vistos como os iniciadores de um gênero exemplificado posteriormente por *O senhor dos anéis*, de Tolkien.

Durante o primeiro período de Morris, antes de ele assumir um compromisso e uma consciência política, o romance oferecia uma solução imaginária para sua alienação ao mundo moderno – um distanciamento desse mundo para um passado imaginado e idealizado. *The Earthly Paradise* [O paraíso terrestre] (1868-70), que lembra formalmente *Os contos de Cantuária*, de Geoffrey Chaucer, e ambientado na época chauceriana, exorta o leitor em seu prólogo:

> Esqueça seis condados tomados pela fumaça,
> Esqueça o vapor bufante e o curso do pistão,
> Esqueça a expansão da cidade atroz;
> Pense no burro de carga na descida,
> E sonhe com Londres, pequena e branca e limpa,
> O claro Tâmisa lindado por seus verdes jardins. (Morris, 1962, p.68)

No "Envoi" que também enquadra a obra, o (moderno) narrador destes contos de uma época mais feliz identifica-se como

100 ANTICAPITALISMO ROMÂNTICO E NATUREZA

"o cantor ocioso de um dia vazio [...] Sonhador de sonhos, nascido de meu devido tempo". Ele então pergunta retoricamente "Por que eu deveria me esforçar para endireitar o torto?", e recusa explicitamente o chamado para "se esforçar para construir uma ilha sombria de felicidade": "Não o pobre cantor de um dia vazio" (ibid., p.67-68). Trabalhar para endireitar o torto, é claro, é justamente o caminho em que Morris embarca em sua fase socialista posterior, mas, ao mesmo tempo, ele continua a escrever romances. Em muitos deles, ele empreende uma jornada metafórica para atingir um objetivo utópico.

Nos romances dos dois períodos, a relação da humanidade com a natureza é crucial. Nos primeiros, a natureza, especialmente em uma forma domesticada, é o lócus das coisas consideradas mais valiosas – o amor de Guenevere e Lancelot em um jardim (*The Defense of Guenevere*, 1857), por exemplo –, e muitas vezes é descrita amorosamente como existia antes das depredações do industrialismo moderno. Algumas das primeiras obras, no entanto, também articulam o tema do senso de desarmonia do narrador (moderno) e da incapacidade de se integrar totalmente à ordem natural por causa de uma consciência angustiada da passagem do tempo e da morte. As obras do segundo período, por outro lado, se afastam dessa perspectiva trágica da angústia individual e se aproximam de uma perspectiva mais ativa, esperançosa e coletiva. A missão iniciada pelo herói dessas obras posteriores envolve, ao mesmo tempo, alcançar a harmonia com a natureza e com os outros seres humanos em comunidade e amor, e imagens utópicas de sua realização bem-sucedida aparecem de várias formas nessas narrativas. Antes de chegar a esses destinos ideais, porém, o herói muitas vezes encontra seu oposto: representações da morte em vida que sugerem o mundo moderno.[5]

Então, existem diferenças significativas entre o primeiro e o segundo período dos romances no que diz respeito ao tratamento do mundo natural e à relação da humanidade com ele. Mas várias constantes notáveis também se repetem. Em primeiro lugar, em

---

5 Para uma discussão detalhada dos romances de Morris em relação ao tema da natureza, ver Hodgson (1987, esp. p. 64-65, 78-80, 112-14, 143-44, 150-51, 180-86, 190-91). Ver também Florence S. Boos (1999, p.23-24).

todos eles, a natureza em sua plenitude incorrupta aparece nas representações de algum estado do passado pré-moderno, ou em um mundo de fantasia que compartilha fortes semelhanças com este último. Também é frequente vermos a natureza identificada com aquele estado passado mítico de inocência paradisíaca perdida – o Jardim do Éden. Por fim, e de maneira crucial, a natureza nos romances de Morris é *mágica* , povoada por espíritos, bruxas, feitiços e forças misteriosas. Como em muitas criações românticas, o mundo passa a ser "reencantado" por meio da imaginação. Para fazer isso, Morris se baseia nos elementos sobrenaturais de lendas e mitos antigos, medievais e nórdicos. Desse modo, ele tenta recriar a *percepção* da natureza dos povos pré-modernos, embora essa projeção de formas anteriores de percepção, é claro, seja filtrada pela lente de sua sensibilidade pessoal e romântica.

Ensaios e conferências

No segundo período de Morris, do final da década de 1870 até o fim de sua vida, ele publicou um grande número de artigos, e muitos deles eram textos de palestras proferidas para um público, nas quais ele desenvolvia suas ideias sobre um amplo espectro de interesses gerais, partindo do ponto de vista do socialista, ou "comunista", que ele se tornara. As questões cobertas eram diversas, e os vários textos muitas vezes se centravam especificamente em uma ou outra questão, mas os textos muitas vezes reuniam – vendo-os como um todo indissolúvel e inter-relacionado – um conjunto de áreas centrais da vida humana: trabalho e *habitat*, organização social e expressão artística e, fundamentalmente, a relação do ser humano com a natureza. Esses textos também incluíam tipicamente uma dimensão histórica, relacionando passado, presente e futuro em uma configuração que, como já sugerimos, constitui uma expressão quase de tipo ideal do romantismo revolucionário.

Em 1894, perto do fim de sua vida, Morris proferiu uma palestra intitulada *How I became a Socialist* [Como me tornei socialista], em que faz um retrospecto de sua vida e traça seu caminho para o compromisso socialista. Nele, ele reconhece Carlyle e Ruskin, especialmente o último, como mentores e espíritos afins em sua consciência de revolta contra o estado atual da sociedade humana. Em um resumo contundente da perspectiva que manteve ao longo da vida, Morris afirma que "além do desejo de produzir coisas bonitas, a principal paixão da minha vida foi e é o ódio pela civilização moderna". Na mesma passagem, ele resume essa civilização como um paradoxo: ela mobiliza uma "organização estupenda – para a miséria da vida" (apud Morton, 1979, p.243). Em textos anteriores, Morris não é menos severo em sua acusação à modernidade, e enfatiza diferentes aspectos enquanto os vê como parte de um todo unificado e coerente.

Em seu cerne está o que Morris costuma chamar de "comercialismo", que subordina todos os outros valores e considerações à obtenção de lucro. A competição entre indivíduos e empresas para aumentar os lucros leva à desigualdade em massa e ao domínio de uma classe por outra – peculiaridades sistêmicas denunciadas pelos socialistas em geral –, mas também a efeitos que poucas vezes são salientados por eles: a concatenada degradação da qualidade dos produtos de trabalho e da experiência do trabalho. A moderna produção industrial em massa voltada para a geração de lucro tende a criar produtos inferiores, usando materiais baratos e reduzindo drasticamente a parcela de mão de obra qualificada e criativa no processo. Em sua forma mecanizada e repetitiva, em condições que visam reduzir seu custo ao mínimo, o trabalho tende a se tornar uma atividade totalmente dolorosa e degradante – em muitos casos semelhante à tortura, na verdade – que diminui o trabalhador em vez de satisfazê-lo. A habilidade artística que pode lhe trazer satisfação é eliminada do processo de trabalho, e a arte se torna a prática da elite de poucos, que muitas vezes se frustram em uma sociedade que não valoriza a atividade estética.[6]

O meio ambiente humano criado pela produção comercial moderna também é um meio ambiente degradado. Prédios recém-construídos geralmente exibem as mesmas qualidades de baixo custo e falta de beleza de outros produtos industriais, e a

---

6 Ver Morris (1979 [1885], p.90). Nessa passagem, Morris inclui alguns cientistas, bem como artistas, entre os "entusiastas" que são o "sal" de um "sistema miserável", embora reconhecendo que, às vezes, eles também são corrompidos pelo comercialismo.

tendência modernizadora leva a tentativas mal concebidas de renovar prédios antigos que destroem suas qualidades originais. Mas, para Morris, os danos ambientais causados pela modernidade vão muito além disso. Visto que o sistema capitalista é, por natureza, infinitamente expansivo, ele expande continuamente cidades e municípios industriais e comerciais, de maneira caótica e sem considerar em nada a beleza ou a salubridade. A produção comercial moderna estende seus efeitos ao campo e além, chegando também às áreas mais selvagens. Considerando a natureza apenas como um instrumento à disposição do empreendimento humano, ela destrói florestas, polui corpos-d'água e prejudica a atmosfera com fumaça e gases nocivos. Morris denuncia essas depredações na linguagem mais forte possível, escrevendo sobre árvores "assassinadas" (Morris, 1990 [1880], p.31), rios transformados em "esgotos" (Morris, 1979 [1887], p.193), ar "sufocado pela sujeira" (Morris, 1979 [1884], p.116) e a própria Londres como uma "esterqueira" (Morris, 1979 [1987], p.196). Essa devastação ecológica é o resultado, no sentido mais profundo, de uma abordagem à natureza nos tempos modernos que vê os humanos como fora da natureza, e que tem como objetivo conquistá-la e subjugá-la. Para Morris, em vez de levar ao enriquecimento da vida humana, essa conquista da natureza, de modo geral, empobreceu-a (Morris, 1979 [1885], p.93-4).

Portanto, a linha de argumento de Morris o leva – e aqui ele segue os passos de Ruskin – a rejeitar radicalmente a definição de "riqueza" reafirmada pelos ideólogos do capitalismo. Em seu artigo de 1885, "Useful Work versus Useless Toil", ele resume seu ponto de vista de forma impressionante:

> Eu sempre me recusarei a chamar essas (mercadorias modernas) [...] de riqueza: não são riqueza, mas desperdício. Riqueza é o que a Natureza nos dá e o que o homem razoável consegue fazer com as dádivas da Natureza para seu uso razoável. A luz do sol, o ar fresco, a face intacta da terra, comida, roupas e habitações necessárias e decentes; o acúmulo de conhecimentos de todos os tipos e o poder de disseminá-los [...], as obras de arte, a beleza que o homem cria quando é mais homem [...] – todas as coisas que servem aos prazeres das pessoas, livres, humanas e incorruptas. Isso é riqueza. (ibid.)

No ano anterior, em "Art and Socialism", Morris havia sintetizado o paradoxo cruel dos tempos modernos por meio de uma comparação com o símbolo clássico da riqueza enganosa: "De menos sorte que o Rei Midas, nossos campos verdes e águas claras, e ainda o próprio ar que respiramos não se transformam em ouro [...], mas em sujeira" – um processo que, insiste Morris, só tem a piorar sob o "atual evangelho do Capital" (Morris, 1979 [1884], p.116).

Em nítido contraste com a situação contemporânea – em que a falsa riqueza devasta a riqueza natural e verdadeira –, as sociedades do passado, que eram extremamente diferentes entre si, tinham em comum um modo de coexistência com a natureza que não a destruía como a sociedade industrial. Em seus ensaios e palestras, Morris muitas vezes compara a sociedade medieval com a moderna, sugerindo que edifícios e cidades góticas se misturaram com o campo em vez de invadi-lo agressivamente, incorporando "uma simpatia total entre as obras do homem e a terra para a qual foram feitas" (Morris, 1979 [1878], p.46), enquanto os modos de produção artesanais deixavam o ar e a água limpos e as florestas abundantes. Sua nostalgia pela herança medieval da Inglaterra rural também assume às vezes um tom pessoal. Como muitos escritores românticos, Morris se lembra de um período anterior em sua vida, quando as incursões da modernidade não tinham ido tão longe quanto foram mais tarde. Em uma carta ao *Daily Chronicle* em 1895, ele evoca a Floresta de Epping – a qual ele percorria ainda menino, quando ainda mantinha vestígios genuínos de uma época anterior –, lamenta seu atual estado reduzido e clama por sua restauração (Morris, 1962, p.68).

Além do passado medieval, no entanto, a escrita de Morris mostra uma sensibilidade para as sociedades tribais anteriores e para a natureza mais selvagem que elas habitavam e respeitavam. Como vimos, alguns dos romances celebram os feitos dos povos nórdicos em uma paisagem agreste e erma, e, em um de seus últimos textos, Morris compara favoravelmente a austeridade de tal vida com "nossa pobreza artificial da civilização, tanto mais amarga para quem sofre sob ela do que a pobreza natural da barbárie mais rudimentar" (ibid., p.305).[7] Na verdade, embora ele

---

7 Artigo em Justice, 1 de maio de 1896.

O ROMANTISMO REVOLUCIONÁRIO DE WILLIAM MORRIS E A... 105

mencione os nativos norte-americanos apenas uma vez em sua obra, Florence Boos, em seu excelente estudo que define Morris como um "ecocomunista", cita "seu interesse ao longo da vida em aspectos supostamente radical-democráticos de tribos europeias pré-medievais e do início da Idade Média", e vê alguns paralelos significativos entre a visão de Morris e a visão dos ameríndios sobre a natureza e a sociedade.[8]

Porém, o Morris do período posterior, quando escrevia artigos e proferia conferências, além de relembrar nostalgicamente eras passadas também exorta seu público a se juntar a ele no trabalho por uma mudança revolucionária que, em última análise, marcaria o início de uma sociedade utópica; essa sociedade seria inteiramente nova, nunca antes alcançada na história humana, mas incorporaria ao mesmo tempo aspectos do passado pré-capitalista que Morris admirava. Essa sociedade comunista seria radicalmente igualitária, com a eliminação da competição por lucros, da acumulação de riquezas e do domínio de uma classe sobre a outra; até aqui, ela lembra a sociedade da maioria dos pensadores socialistas e comunistas. Mas a sociedade ideal de Morris difere de muitas outras por ser totalmente permeada por sua forma particular de visão romântica.

Para Morris, a beleza e a arte que a produz invadiriam essa sociedade, e a arte teria a mesma importância que o trabalho humano; não sendo mais produzida por uma elite nem para uma elite, ela devolveria ao trabalho sua natureza criativa e, portanto, realizadora. A arte nesse sentido amplo, que Morris vê como em consonância com a beleza natural e não em contraste com ela, renovaria o meio ambiente humano; incluiria o planejamento rural e urbano e romperia a danosa oposição entre a cidade e o campo que se desenvolveu na modernidade. Os humanos viveriam e moldariam suas vidas em comunidades de pequena escala, exercendo uma espécie de autogoverno anarquista e consensual. Mais profundamente, Morris aspirava, em sua sociedade ideal, a uma relação renovada com o mundo natural; os humanos abandonariam sua presunçosa posição de poder em relação à natureza, aprendendo uma vez mais a viver nela e como parte dela, em vez de fora dela, contra ela e acima dela. Essas características do

---

8 Ver Boos (1999, p.36-40).

ideal social e humano de Morris se concretizam em sua fantasia utópica, *Notícias de lugar nenhum*, à qual nos voltaremos agora.[9]

Notícias de lugar nenhum

Em 1889, um ano antes de *Notícias de lugar nenhum* ser publicado pela primeira vez de maneira seriada, Morris publicou uma análise crítica de outra ficção utópica que havia saído recentemente, *Looking Backward* [Olhando para trás], do socialista norte-americano Edward Bellamy. Na análise, Morris rejeita categoricamente a representação de Bellamy da sociedade socialista ideal em *Looking backwards*. Argumentando que a obra reflete o temperamento totalmente *moderno* de seu autor e a perspectiva da "classe média profissional", Morris critica sua imagem da boa sociedade como uma organização estatal centralizada e regimentada em que a vida na cidade é o componente essencial e para a qual o campo e o mundo natural são apenas fornecedores subservientes. Na utopia de Bellamy, o indivíduo humano é uma mera engrenagem e vive o que Morris chama de "vida de máquina". Para Morris, o fato de Bellamy imaginar que tal utopia foi alcançada sem nenhuma luta e esforço simplesmente realça o fato de que ela não constitui uma ruptura fundamental com o capitalismo comercial (Morris, 1993, p.354, 357). A própria visão de Morris sobre a sociedade comunista ideal é, em todos os aspectos, oposta à de Bellamy, e está claro que *Notícias de lugar nenhum* foi escrito como uma espécie de resposta, ou anti-*Looking Backward*.

Morris deu a *Notícias de lugar nenhum*, publicado em forma de livro em 1891, o subtítulo de "ou uma época de tranquilidade: sendo alguns capítulos de Um romance utópico"; além de enfatizar que a sociedade descrita surge somente após um período de turbulência (revolucionária), o livro conecta essa ficção com muitos outros romances de Morris e também sugere sua natureza romântica subjacente. Além disso, a frase "alguns capítulos de" aponta para seu caráter parcial e aberto; embora designado como

---

9 Sobre alguns desses temas nos ensaios e palestras, ver especialmente Morris (1979 [1877], p.33, 55-56); Morris (1979 [1883], p.58); Morris (1979 [1887], p.201).

O ROMANTISMO REVOLUCIONÁRIO DE WILLIAM MORRIS E A... 107

uma "utopia" (uma referência à famosa obra de Thomas More, um dos livros favoritos de Morris), *Notícias de lugar nenhum* não foi concebido como um protótipo completo de um estado futuro da sociedade. Em vez disso, ele é uma evocação do que poderia ser a experiência dessa sociedade, na forma de um sonho – uma visita onírica de um inglês que viaja no tempo, do final do século XIX para o século XXI –, que, como sugere a última frase, se outras pessoas puderem se inspirar pelos ideais que ela representa, poderia ser "uma visão em vez de um sonho" (Morris, 1968, p.401).

Como apontou e demonstrou um perspicaz comentador em sua análise, a visão incorporada em *Notícias de lugar nenhum* é de uma sociedade verdadeiramente "ecológica" (O'Sullivan, 1990, p.169). Outros a chamaram de "ecotopia" (Morris, 1995, p.187, n.57). O narrador, William Guest, explora em seu sonho as áreas em torno de Londres e do rio Tâmisa, que ele havia conhecido como poluídas, feias, superlotadas e pobres na sua época, que é o que se tornaram nessa revolucionada sociedade do futuro. Através da observação direta, complementada pelo que ouve dos habitantes desse novo mundo que encontra ao longo do caminho, ele descobre que agora o ar e a água estão limpos por toda parte, que o campo está repleto de vida animal e colheitas abundantes, e que muitos bosques, inclusive a Floresta de Epping, que na época dele estava ameaçada, puderam crescer novamente e são bem cuidados. Para sua surpresa, ele vê que a Londres que conhecia não existe mais como uma megametrópole única, mas se tornara um aglomerado de comunidades menores separadas por agradáveis paisagens semirrurais. Jardins e árvores estão por toda parte, e humanos vivem entre eles em aldeias, pequenas cidades e casas de campo abertas à ocupação geral, e não em aglomerações industriais como antes (o narrador é informado de que Manchester desapareceu completamente).

Essa renovação da natureza e da relação dos seres humanos para com a natureza foi possível através da substituição da competição capitalista em grande escala, da expansão e da exploração dos recursos por tomadas de decisão democráticas em nível local e pela cooperação na produção para suprir as necessidades (arranjos sociais semelhantes àqueles defendidos pelo anarquista russo Kropotkin); e também graças à substituição da produção industrial altamente poluente ou pelo trabalho artesanal – como é sugerido sem precisão de detalhes – ou pelo uso de formas alternativas e menos poluentes de produção de energia (por exemplo, os "batelões de energia" mencionados no capítulo 24, que substituem a energia a vapor).[10] Além disso, em um nível ideológico fundamental, a noção – resumida historicamente em uma passagem de Clara, a amante do guia do narrador Dick – da natureza como seres humanos "externos" e "escrava" deles, foi substituída por outra que vê os humanos como parte da natureza (Morris, 1968, p.367). Como resultado dessas mudanças de longo alcance, transcendeu-se uma dicotomia destrutiva. Hammond, o bisavô do guia do narrador, que tem idade suficiente para ter testemunhado a transformação, descreve-a da seguinte maneira: "a diferença entre a cidade e o campo foi diminuindo cada vez mais; e foi de fato este mundo do campo vivificado pelo pensamento e pelo vigor do povo da cidade que produziu aquela vida feliz e tranquila, mas sôfrega, da qual você inicialmente provou" (ibid., p.254).

Agora, as habitações humanas no campo são de novo uma parte orgânica da terra, como Morris achava que haviam sido na Idade Média; ao visitar a área ao redor de Oxford, perto do final de sua expedição até o Tâmisa, o narrador nota "a pequena colina de Hinksey, com duas ou três casas de pedra muito bonitas que ali acabaram de crescer (uso a palavra deliberadamente, pois pareciam pertencer à colina), que mirava alegremente a profusão dos riachos e da relva ondulante lá em baixo" (ibid., p.374). Grande parte da terra que ele vê é composta de prados e campos usados para agricultura, mas o narrador relata que Hammond lhe dissera que esses campos são "tratados, em todos os lugares, como um jardim feito para o prazer, bem como para a subsistência de todos" (ibid., p.380). Quando ele perguntou a Hammond por que algumas áreas florestais foram mantidas dentro dessa área rural a modo de jardim, o velho explicou: "nós gostamos dessas áreas da natureza selvagem e podemos comprá-las, então as temos; não esquecendo que, quanto às florestas, precisamos de muita madeira..." (ibid., p.256).

---

10 Sobre os "batelões de energia", ver Morris (1968, p.350); e, em termos mais gerais, ver O'Sullivan (1990, p.174, 176).

A sociedade utópica descrita em *Notícias de lugar nenhum* é, portanto, tão animada pelo princípio do prazer quanto pela utilidade. Antes fonte de dor e miséria sob as condições capitalistas, o trabalho agora se tornou prazer e arte, grande parte daquele derivando desta. Mas alguns dos prazeres mais profundos vêm da relação de seus habitantes com o mundo natural. Essa relação é descrita repetidas vezes como intensamente sensorial, até erótica. Hammond descreve liricamente a transformação de sentimentos que aconteceu após a revolução: "O espírito dos novos dias, dos nossos dias, era ter prazer na vida do mundo; o amor intenso e desmedido pela própria pele e superfície da terra em que o homem habita, tal como um amante sente pela bela carne da mulher que ama"; e Ellen, a mulher pela qual o narrador se apaixonou, compartilha dessa paixão: "Minha nossa! Como amo a terra, as estações, o clima e tudo relacionado a ela e que dela cresce..." (ibid., p.316, 391).[11]

No mundo utópico de *Notícias de lugar nenhum*, então, os seres humanos mantêm uma relação apaixonada com a natureza, como no passado pré-moderno, embora em um nível superior, porque eles não têm mais medo da falta. Além disso, outra dimensão dessa relação – importante para a análise que estamos desenvolvendo – é introduzida em uma passagem que descreve uma breve troca entre o narrador, Dick e Clara, logo após terem conhecido Ellen. Ao surgirem do rio durante a madrugada, os três veem Ellen no jardim perto do chalé onde passaram a noite, e os olhos dela, à contraluz do sol, parecem "joias de luz"; Dick então exclama: "Veja, hóspede [...], tudo isso não parece uma daquelas histórias de Grimm da qual falávamos em Bloomsbury? Aqui somos dois amantes vagando pelo mundo, e chegamos a um jardim de fadas, e eis que a própria fada está no meio dele"

---

11 Morris foi criticado, com alguma razão, pela tendência em *Notícias de lugar nenhum* de identificar as mulheres com a natureza, com a procriação e com o fornecimento de alimentos e cuidados. As principais personagens femininas da narrativa, especialmente Ellen, transcendem esses estereótipos de maneira significativa. Em um interessante artigo que analisa *Notícias de lugar nenhum* de maneiras semelhantes ao tratamento que damos a ele em outros aspectos, John Bellamy Foster (2017, p.17-35) argumenta que, tanto neste trabalho quanto em outros, Morris expressa o que é, em última análise, uma forte perspectiva feminista.

(Morris, 1968, p.342). Ainda que depois eles desenvolvam essa metáfora meio de brincadeira, a imagem é significativa e marcante, e por isso deve ser estendida à narrativa como um todo. Em seu sonho – ou visão – o narrador, em certo sentido, entrou em um mundo de romance e viu um jardim encantado.

Como esperamos ter demonstrado neste ensaio, há uma continuidade notável na obra de Morris como um todo, tanto do início ao fim quanto nos principais gêneros que ele usou para se expressar. Por meio desses gêneros, ele articulou de forma consistente, e de várias maneiras, uma visão romântica subjacente, e, mais para o final da carreira, uma visão romântica revolucionária. Durante todo o tempo, o amor pelo mundo natural foi uma nota fortemente dominante nas diversas expressões da sensibilidade romântica do autor, e, na fase posterior de sua carreira, esse sentimento se converteu em uma preocupação e um compromisso ecológicos cada vez mais profundos. A força da personalidade, da criatividade e do ativismo de Morris para projetar essa visão teve um impacto considerável em muitos de seus contemporâneos, mas também em uma profusão de indivíduos e movimentos que vieram depois dele. Para finalizar, faremos um breve exame das principais tendências e pessoas que se inspiraram na obra dele, considerando seus aspectos sociais e ecológicos em conjunto.

A primeira e mais imediata influência foi sobre o que veio a ser chamado de movimento Garden City. Iniciado vários anos depois da morte de Morris, promovido e implementado por vários reformadores residenciais, urbanistas, paisagistas e jardineiros ingleses, o movimento produziu uma série de cidades e bairros planejados no início do século XX, especialmente nos arredores de Londres, baseando-se consideravelmente nos ideais de Morris e tentando colocá-los em prática em comunidades pequenas. O movimento posteriormente se espalhou para outros locais nas Ilhas Britânicas e internacionalmente.[12] A influência de Morris nesse movimento é inegável e importante, mas ao mesmo tempo paradoxal: se tivesse vivido a ponto de vê-lo acontecer, Morris dificilmente o apoiaria. Embora alguns fossem radicais ou socialistas, muitos participantes

---

12 Sobre os primeiros desenvolvimentos do movimento Garden City em relação a Morris, ver Fiona MacCarthy (2014, cap. 4: "Cities of the sun: the Garden City movement", p.77-91).

do movimento eram reformistas liberais de classe média, cujas visões políticas não coincidiam em nada com as de Morris. E, o mais importante, Morris acreditava firmemente que era inútil tentar criar redutos de vida ideal dentro da sociedade capitalista mais ampla e achava que as comunidades utópicas estavam fadadas ao fracasso. Desse modo, como afirma Anna Vaninskaya em um ensaio perspicaz, "projetar[Morris] como o santo padroeiro do Garden City é tão historicamente justificável quanto chamar Marx de progenitor da social-democracia moderna" (Vaninskaya, 2012, p.136).

A influência direta da visão de Morris foi além do movimento Garden City na Grã-Bretanha do início do século XX, atingindo vários pensadores e tendências no final do século XX e no século XXI. É perceptível que Morris (junto com Ruskin) foi uma fonte importante no movimento ambientalista dos anos 1960 e 1970 – uma referência em particular para *The Greening of America*, de Charles A. Reich.[13] Diferentes correntes de pensamento ecológico e social nos anos 1980, 1990 e além também foram afetadas por sua obra de uma forma ou de outra, em especial as tendências mais radicais, como a ecologia "profunda" e "espiritual", o eco-feminismo, o ecossocialismo e o anarcossocialismo (Boos, 1999, p.36-40). Como no caso das influências anteriores, algumas tendências ambientais posteriores se aproximam mais do que outras da perspectiva geral de Morris, e não há dúvida de que as posições radicais põem em ação diferentes aspectos de Morris, a depender de orientações específicas. Mas é evidente que a obra e o pensamento de Morris, por mais que interpretados de diferentes maneiras, reverberam abundantemente.

Por fim, mencionamos o impacto particularmente profundo e extenso de Morris sobre dois escritores britânicos do final do século XX que, por sua vez, tiveram um papel importante no pensamento radical e no ativismo que perdura até hoje. O primeiro, E. P. Thompson, escreveu a monumental biografia de Morris centrada em seu romantismo e radicalismo político. O segundo, Raymond Williams, que estava muito mais interessado na dimensão ecológica de Morris, será o objeto de análise em um capítulo mais adiante.

---

13 Ver Gary L. Aho (1985, p.274, 323, 328).

CAPÍTULO 4

WALTER BENJAMIN CONTRA O "ASSASSINATO" DA NATUREZA

Walter Benjamin (1892-1940) é um dos teóricos culturais mais importantes do século XX. Amigo próximo de Gershom Scholem e Theodor W. Adorno, ele pertence a uma constelação intelectual específica da cultura judaica alemã, inspirada pelo messianismo judaico, pelo romantismo alemão e pelas ideias revolucionárias modernas. Seus escritos não são um sistema teórico, mas sim uma forma experimental de pensamento em permanente evolução. Seus primeiros ensaios estão relacionados à romântica *Zivilisationskritik* [crítica da civilização], mas com um forte componente messiânico e inclinações anarquistas. Depois de descobrir o marxismo em 1924, o materialismo histórico se tornou um componente decisivo de suas reflexões, mas de forma heterodoxa e idiossincrática. Com exceção de um curto período (1933-35) em que ele parece ter experimentado o "produtivismo", os escritos marxianos de Benjamin apresentam significativos componentes românticos e messiânicos na interpretação da literatura, cultura, história e política – dimensões inseparáveis de seu pensamento. Sua última obra, as breves anotações reunidas sob o título *Sobre o conceito da História*, redigida pouco antes de sua morte, é um dos documentos mais importantes da cultura revolucionária moderna. Após uma tentativa fracassada de escapar da França

114 ANTICAPITALISMO ROMÂNTICO E NATUREZA

ocupada pelos nazistas, Benjamin cometeu suicídio em Port-Bou, Espanha, em setembro de 1940.

Zivilisationskritik romântica e a descoberta do marxismo (1913-1930)

Walter Benjamin ocupa um lugar único na história do pensamento revolucionário moderno como o primeiro marxiano a romper radicalmente com a ideologia do progresso. Foi também um dos primeiros marxianos a propor uma crítica radical ao conceito de "exploração da natureza" e da relação capitalista destrutiva – "criminosa" é a palavra – com a natureza. Seu pensamento, portanto, tem uma qualidade crítica distinta que o separa das formas dominantes e "oficiais" do materialismo histórico. Essa peculiaridade tem a ver com sua capacidade de integrar ao corpo da teoria revolucionária marxiana as ideias da crítica romântica da civilização. Por sua desconstrução radical da dominante visão moderna da história como "progresso" e sua empatia com atitudes pré-modernas não destrutivas em relação à natureza, Benjamin preparou o terreno para alguns desenvolvimentos posteriores no pensamento ecológico radical.

Um dos primeiros artigos de Benjamin, publicado em 1913, é chamado precisamente de "Romantik". Trata-se de um apelo ao nascimento de um "novo romantismo" e uma homenagem ao "desejo romântico de beleza, verdade e ação" que é um momento supremo da cultura moderna. Este texto inaugural documenta tanto a profunda afinidade de Benjamin com a tradição romântica – concebida como simultaneamente arte, conhecimento e práxis – quanto um desejo de renová-la (Benjamin, 1974, II, 1, p.46).

Como muitos autores românticos, o jovem Benjamin tende a espiritualizar a natureza, como vemos no fragmento (não publicado por Benjamin) sobre "cor" de 1915: *O arco-íris*: conversas sobre a fantasia. A fantasia é imaginação é "a cor da natureza, das montanhas, das árvores, dos rios e dos vales, mas sobretudo de todas as flores e borboletas, dos mares e das nuvens"; e a cor do arco-íris "espiritualiza (*durchgeistigt*) e anima (*beseelt*) a natureza". Não foi por acaso que o notável artista Matthias Grünewald, do renascimento alemão, pintava seus anjos com as cores do arco-íris, "de modo que por meio das figuras sagradas a alma resplandece daqui para a frente como fantasia" (Benjamin, 1991, VII, 1, p.24-25).[1]

Em outro texto desse mesmo período – "Diálogo sobre a religiosidade do nosso tempo" (1913) –, Benjamin homenageia o romantismo por sua "forte compreensão do lado obscuro da natureza". O amigo que dialoga com o autor neste ensaio se refere ao "neorromantismo" e menciona "escritores interessantes, porém perigosos", como Schnitzler, Hoffmannsthal e Thomas Mann. Mas, para o autor (o *Ich* [eu] do diálogo), as questões cruciais da nossa época são encontradas em outro lugar – na possibilidade de uma nova religião e de um novo socialismo, cujos profetas são Tolstói, Nietzsche e Strindberg.

Essa "religião social" se opõe radicalmente à concepção atual da esfera social, que a reduz a "uma mera coisa da civilização, como a luz elétrica". Nesse contexto, Benjamin expressa vários *topoi* clássicos da *Zivilisationskritik* romântica : a transformação dos seres humanos em "máquinas de trabalhar", a degradação do trabalho à mera tecnologia, a submissão desesperada dos indivíduos à mecânica social e, acima de tudo, a substituição dos esforços "heroicos e revolucionários" do passado pela lamentável marcha do progresso, o "andar da evolução similar ao do caranguejo" (Benjamin, 1974, II, 1, p.19-20, 25, 34).

O que esta última observação mais revela é a distorção que Benjamin dá à tradição romântica. A desconstrução da ideologia do progresso não se faz em nome do conservadorismo ou da restauração, mas da *revolução*. Essa mudança subversiva é também o assunto principal de sua conferência "A vida dos estudantes" (1915), um documento surpreendente que parece reunir em um único feixe de luz todas as ideias que o perseguiram mais tarde na vida. Para ele, as verdadeiras questões que deveriam ser levantadas hoje não são os "problemas da ciência filosófica limitada

---

1 Ed. Bras.: Walter Benjamin, "O Arco-íris: Conversa sobre a fantasia e Fragmentos sobre a cor". Trad. Fernando Bee Magalhães. In: *Viso*: Cadernos de estética aplicada, n.25, jul.-dez. 2019, p.30-31. (N. T.)

116 ANTICAPITALISMO ROMÂNTICO E NATUREZA

e especializada", mas sim as "questões metafísicas de Platão, Espinoza, dos românticos e de Nietzsche". Entre esses problemas "metafísicos", a temporalidade histórica é proeminente. Contra a "tendência amorfa do progresso" com sua concepção linear de tempo, Benjamin elogia o poder crítico das *imagens utópicas*, como a ideia da Revolução Francesa de 1789 e o reino messiânico. Outro tipo de momento utópico se encontra no "espírito tolstoiano" de servir aos pobres, que cresceu "nas ideias dos mais profundos anarquistas e nas comunidades monásticas cristãs". Em um atalho tipicamente romântico e revolucionário, o passado religioso e o futuro utópico se associam sob a inspiração comum do escritor russo, socialista libertário e cristão (ibid., p.75, 79, 82).

Vários outros dos primeiros escritos de Benjamin atestam seu interesse pelo romantismo alemão do século XIX, entre eles um ensaio sobre Hölderlin (1914-15) e, claro, sua tese de doutorado, *O conceito de crítica de arte no romantismo alemão* (1919). Mas, como vimos, sua atração pelo assunto era muito mais do que acadêmica. Como ele explicou em uma carta escrita em junho de 1917 para Gerhard Scholem, ele tanto amava a "beleza e a profundidade infinitas" dos primeiros românticos quanto também considerava o romantismo, sem sombra de dúvida, o último movimento que "salvou a tradição para nós" (Benjamin, 1966, I, p.138).

As visões políticas de Benjamin naqueles primeiros anos eram próximas do anarquismo. Um grupo inteiro de escritores anarquistas e românticos formou uma espécie de *constelação* com a filosofia social de Benjamin nesse período – um grupo que incluía não só figuras como Tolstói e Strindberg (citado em uma carta de 1915), mas também Charles Péguy (Benjamin escreveu em uma carta a Scholem em 15 de setembro de 1919 que nenhum escritor o havia tocado com tanta proximidade e conformidade), Georges Sorel (muito elogiado em um ensaio sobre violência) e Gustav Landauer. Foi somente mais tarde que Benjamin descobriu o marxismo e o movimento comunista. Sua primeira referência ao comunismo aparece em 1921 em seu ensaio soreliano, *Crítica da violência*, em que ele celebra a crítica "devastadora e em geral justificada" do Parlamento pelos bolchevistas e anarcossindicalistas (Benjamin, 1974, II, 1, p.191). Essa ligação entre comunismo e anarquismo seria um aspecto importante de sua evolução política, uma vez que seu marxismo assumiu em grande parte uma coloração libertária.

Mas foi depois de 1924, quando leu *História e consciência de classe* (1923), de Lukács, e descobriu o comunismo prático através dos olhos de Asja Lacis – uma artista soviética e ativista política que conheceu (e por quem se apaixonou) em Capri – que o marxismo se tornou um componente-chave de sua cosmovisão. Em 1929, Benjamin ainda se refere à *magnum opus* de Lukács como um dos poucos livros que permanecem vivos e atuais,

> a obra filosófica de maior sucesso da literatura marxiana. Sua singularidade está na confiança com que apreendeu, na situação crítica da filosofia, a situação crítica da luta de classes e, na revolução concreta que se aproxima, o pressuposto absoluto, até mesmo a implementação absoluta e a última palavra do conhecimento teórico. A polêmica montada contra essa obra pela hierarquia do Partido Comunista sob a liderança de Deborin confirma, à sua maneira, o alcance do livro. (Benjamin, 1974, III, p.171)

Este comentário ilustra a independência de espírito de Benjamin em relação à doutrina "oficial" do marxismo soviético, apesar de sua simpatia pela URSS.

A primeira obra em que sentimos a influência do marxismo é *Rua de mão única*, escrita entre 1923 e 1925, publicada em 1928. A antiga crítica neorromântica de Benjamin ao progresso agora é permeada de uma tensão marxiana revolucionária, como na seção do livro intitulada "Alarme de incêndio":

> Se a eliminação da burguesia não estiver efetivada até um momento quase calculável do desenvolvimento econômico e técnico (a inflação e a guerra de gases o assinalam), tudo está perdido. Antes que a centelha chegue à dinamite, é preciso que o pavio que queima seja cortado. (Benjamin, 2008, p.87)[2]

---

2 Ed. Bras.: Walter Benjamin, *Rua de mão única*. Trad. Rubens Rodrigues Torres Filho e José Carlos Martins Barbosa. São Paulo: Brasiliense, 1987, p.46 (Obras escolhidas, v.2). (N. T.)

O proletariado poderá cumprir essa tarefa histórica? A sobrevivência ou destruição de "3.000 anos de desenvolvimento cultural" depende da resposta. Benjamin estava errado sobre a inflação, mas não sobre a guerra, embora não pudesse prever que o gás letal seria usado não nos campos de batalha, como na Primeira Guerra Mundial, mas no extermínio industrial de judeus e ciganos.

Outro argumento importante em *Rua de mão única* (no fragmento "A caminho do planetário") envolve uma crítica incisiva à ideia moderna de dominação da natureza. Enquanto as comunidades humanas de antigamente tinham uma relação autêntica – enraizada em uma experiência de "transe extático" – com o cosmos, a classe dominante capitalista usa a tecnologia para fazer a guerra, abrindo trincheiras como "poços sacrificiais" no ventre da "Mãe Terra". No capitalismo, a única relação possível com a natureza é a dominação: "A dominação da Natureza, assim ensinam os imperialistas, é o sentido de toda técnica". Contra essa concepção desastrosa, Benjamin propôs uma nova compreensão da tecnologia como "dominação da relação entre Natureza e humanidade" (ibid., p.69). Da mesma forma, em outra passagem (a seção intitulada "Panorama Imperial") desse primeiro ensaio marxiano, Benjamin enfatiza novamente o contraste entre atitude antiga e a moderna em relação à "Mãe Terra":

> Dos mais antigos usos dos povos parece vir a nós como uma advertência: na aceitação daquilo que recebemos tão ricamente da natureza, guardar-nos do gesto da avidez. Pois não somos capazes de presentear à mãe natureza nada que nos é próprio. Por isso convém mostrar reverência no tomar, restituindo, de tudo que desde sempre recebemos, uma parte a ela, antes ainda de nos apoderar do nosso. (ibid., p.60)

Benjamin cita, como resquício dessa tradição milenar, a proibição imemorial de colher espigas de milho esquecidas, que depois voltam à terra. É curioso que o conceito de "ruptura metabólica" de Marx, desenvolvido em *O capital* , seja baseado em um argumento muito semelhante:

A produção capitalista [...] desvirtua o metabolismo (*Stoffwechsel*) entre o homem e a terra, isto é, o retorno ao solo daqueles elementos que lhe são constitutivos e foram consumidos pelo homem sob forma de alimentos e vestimentas, retorno que é a eterna condição natural da fertilidade permanente do solo. (Marx, 1970, p.637-638)[3]

Benjamin conclui essa passagem com uma advertência que se tornou ainda mais relevante hoje do que na época: "Uma vez degenerada a sociedade, sob desgraça e avidez, a tal ponto que ela só pode ainda receber os dons da natureza pela rapina, [...] sua terra empobrecerá e o campo trará más colheitas" (Benjamin, 2008, p.60).

Como vimos, Benjamin, em oposição à marca evolutiva vulgar do marxismo, não concebe a revolução proletária como o resultado "inevitável" do progresso econômico e técnico, mas como a interrupção crítica de uma evolução que conduz à catástrofe. Esse ponto de vista crítico explica por que seu marxismo tem um espírito peculiarmente pessimista – um pessimismo revolucionário que nada tem a ver com fatalismo resignado. Em seu artigo sobre o surrealismo de 1929 – "O surrealismo: o último instantâneo da inteligência europeia" –, em que tenta novamente reconciliar o anarquismo e o marxismo, Benjamin define o comunismo como a organização do pessimismo, que significa "desconfiança acerca do destino da liberdade, desconfiança acerca do destino da humanidade europeia". Ele então adiciona esta conclusão irônica: pode-se ter "confiança ilimitada apenas na I. G. Farben e no aperfeiçoamento pacífico da Força Aérea" (Benjamin, 1974, II, 1, p.308).[4]

A visão crítica de Benjamin permitiu-lhe perceber – de forma intuitiva, mas com surpreendente acuidade – as catástrofes reservadas para a Europa como resultado da crise da civilização industrial e capitalista. Mas nem mesmo Benjamin, um dos mais

---

3 Ed. Bras.: Karl Marx, *O capital*. Trad. Rubens Enderle. São Paulo, Boitempo, 2013, p.572. (N. T.)

4 Ed. Bras.: Walter Benjamin, *Magia e técnica, arte e política*. Trad. Sergio Paulo Rouanet. São Paulo: Brasiliense, 1987, p.34. (N. T.)

120 ANTICAPITALISMO ROMÂNTICO E NATUREZA

pessimistas de sua época, poderia ter previsto a destruição que a Luftwaffe despejaria sobre as populações civis de vilarejos e cidades da Europa, muito menos ter imaginado que a I. G. Farben, a grande empresa química alemã, apenas doze anos depois estabeleceria fábricas nos campos de concentração para explorar o trabalho forçado dos prisioneiros e produzir, por meio de uma subsidiária, o gás letal usado na Solução Final.

O artigo de 1929 atesta o interesse de Benjamin pelo surrealismo, que ele vê como uma manifestação moderna do romantismo revolucionário. Talvez possamos definir a abordagem comum a Walter Benjamin e André Breton como uma espécie de "marxismo gótico", distinto da versão dominante, de tendência metafisicamente materialista e contaminada pela ideologia evolucionária do progresso. O adjetivo "gótico" deve ser entendido em seu sentido romântico, como fascínio pelo maravilhoso e também pelos aspectos encantados das sociedades e culturas pré-modernas. O romance gótico inglês do século XVIII e alguns dos românticos alemães do século XIX são referências "góticas" que encontramos no cerne da obra dos dois pensadores. O marxismo gótico comum a eles pode ser considerado, então, um materialismo histórico sensível à dimensão mágica das culturas passadas, ao momento "obscuro" da revolta ou ao relâmpago que ilumina o céu da ação revolucionária.[5]

Portanto, fica claro que a adoção do marxismo por Benjamin não significou de forma alguma que ele havia perdido o interesse pelo protesto romântico contra a civilização burguesa ou pela nostalgia romântica por um passado idealizado. Ao contrário, integrou os dois interesses em sua crítica marxiana *sui generis* às formas capitalistas de alienação. Por exemplo, em um artigo de 1930 ele se refere a E. T. A. Hoffmann como um seguidor romântico do "mais antigo patrimônio cultural da humanidade", um autor que buscava um vínculo ativo com os tempos mais antigos (*der fernsten Urzeit*). Como veremos, essa referência a uma era primitiva, arcaica ou ancestral se tornaria central nos escritos posteriores de Benjamin, em contraste com a nostalgia romântica comum pela Idade Média. Além disso, Benjamin era fascinado pelo "dualismo mais decididamente religioso" entre "vida" e

---

5 Ver Margaret Cohen (1993, p.1-2) e Michael Löwy (2009).

"autômato" que pode ser encontrado nos contos fantásticos de E. T. A. Hoffmann, Edgar Allan Poe, Alfred Kubin e Oskar Panizza. Segundo Benjamin, os *Erzählungen* de Hoffmann – ele certamente está pensando na famosa história da boneca mecânica Olympia – são inspirados pelo sentimento de uma identidade secreta entre o *autômato* e o *satânico* e pela percepção da vida humana diária na sociedade moderna como "produto de um mecanismo artificial infame, cujo núcleo é governado por Satanás" (Benjamin, 1974, II, 2, p. 642-43, 646-47).

Esse terror caracteristicamente romântico da mecanização da vida é reformulado em termos contemporâneos por Benjamin em seus ensaios dos anos 1930 sobre Baudelaire, em referência à transformação de proletários em autômatos: os gestos mecânicos repetitivos e sem sentido do trabalhador que opera a máquina (e aqui Benjamin cita diretamente várias passagens de *Das Kapital*) são semelhantes aos gestos autômatos das pessoas que andam nas ruas da cidade, como descrito por Poe e Hoffmann. Tanto os trabalhadores quanto os membros da multidão são vítimas da civilização urbana e industrial, que destruiu toda a *Erfahrung* (experiência) autenticamente humana – enraizada na memória de uma tradição cultural e histórica – para substituí-la por uma *Erlebnis* (vivência) superficial, em particular pela *Chockerlebnis* (vivência do choque) que provoca nos indivíduos um comportamento puramente reativo, transformando-os em autômatos que perderam completamente a memória (Benjamin, 1983, V, 2, p.966; Benjamin, 1974, I, 2, p.632-636).[6]

Marxismo contra o assassinato da Natureza (1935-1939)

Nos escritos de Benjamin da década de 1920, há pouquíssimas referências ao próprio Marx (ou Engels). Benjamin parece não

---

6 Ed. Bras.: Walter Benjamin, *Passagens*. Trad. Irene Aron e Cleonice Paes Barreto Mourão. Belo Horizonte: UFMG, 2009, p.840; Walter Benjamin, "Sobre alguns motivos na obra de Baudelaire". In: *Baudelaire e a modernidade*. Trad. João Barrento. Belo Horizonte: Autêntica, 2015, p.130-134. (N. T.)

ter tido nenhum conhecimento real dos escritos de Marx naquele período, e sua apropriação do materialismo histórico é então baseada principalmente na literatura marxiana contemporânea, não nos textos dos pais fundadores. O estudo efetivo desses textos parece ter ocorrido na década de 1930 durante seus anos de exílio em Paris como refugiado da Alemanha nazista (1933-40), em conexão com seu trabalho no *Passagens*. A natureza exata desse projeto permanece incerta. Seria uma nova forma de livro, composta como uma montagem, uma grande reunião de citações cravada de comentários? Ou seria a reunião de arquivos apenas com o material cru, que seria usado para escrever um livro que nunca existiu? Em todo caso, ele documenta o estudo intensivo de Benjamin dos escritos de Marx e Engels após 1934, bem como sua abordagem altamente seletiva e idiossincrática.

Por um breve período "experimental" entre 1933 e 1935, durante os anos do Segundo Plano Quinquenal soviético, alguns dos textos marxianos de Benjamin parecem próximos do "produtivismo soviético" e de uma adesão acrítica às promessas do progresso tecnológico. Os principais escritos desse tipo são "Experiência e pobreza" (1933), "O autor como produtor" (1934) e, embora apenas até certo ponto, "A obra de arte na era de sua reprodutibilidade técnica" (1935). No entanto, mesmo naqueles anos, Benjamin não havia perdido totalmente o interesse pela problemática romântica, como atesta seu artigo de 1935 sobre Bachofen. Na verdade, o pensamento de Benjamin nesse período é bastante contraditório. Ele às vezes muda muito rapidamente de um extremo para o outro – até mesmo em um único texto, como no famoso ensaio sobre a obra de arte. Encontramos nesses escritos tanto um aspecto permanente de seu pensamento marxiano – a dinâmica materialista – quanto uma tendência "experimental" de levar certos argumentos às suas últimas consequências. Ele parece tentado por uma variante soviética da ideologia do progresso, embora reinterpretada à sua maneira. Algumas leituras marxianas das obras de Benjamin colocam em primeiro plano apenas esses textos que parecem mais próximos de um materialismo histórico "clássico", talvez até ortodoxo. Depois de 1936, esse tipo de "parêntese progressista" se fecha e Benjamin vai reintegrando cada vez mais o momento romântico em sua crítica marxiana idiossincrática das formas capitalistas de alienação. Isso se aplica também ao problema da relação da tecnologia com a natureza. Por exemplo, na versão francesa do ensaio sobre a obra de arte, escrito em 1936, ele distingue dois tipos de tecnologia: uma que visa à "escravização (*asservissement*) da natureza" e outra que visa a uma "harmonia entre natureza e humanidade" – sendo o conceito de *harmonie*, obviamente, emprestado de Fourier. No ensaio sobre *O narrador*, Benjamin dá um exemplo romântico típico da "cumplicidade" entre os humanos e a natureza: o conto de fadas. Mas essa *Komplizität* requer a emancipação humana: "O feitiço libertador do conto de fadas não põe em cena a natureza como uma entidade mítica, mas indica a sua cumplicidade com o homem liberado" (Benjamin, 2016, p.11).[7]

O *Passagens* pertence, na maior parte de suas seções, a esse projeto heterodoxo de "marxismo romântico". Seu objetivo é definido por Benjamin nos seguintes termos:

> Pode-se considerar um dos objetivos metodológicos deste trabalho demonstrar um materialismo histórico que aniquilou em si a ideia de progresso. Precisamente aqui o materialismo histórico tem todos os motivos para se diferenciar rigorosamente dos hábitos de pensamento burgueses. (Benjamin, 1983, V, 1, p.574)

Tal programa não visava a algum tipo de "revisão", mas sim, como Karl Korsch tentou fazer em um livro que Benjamin comenta, a um retorno ao próprio Marx. Um dos aspectos dessa "aniquilação" é uma nova interpretação das fontes intelectuais de Marx, enfatizando sua relação com a crítica romântica da civilização. Benjamin menciona Korsch com aprovação a esse respeito:

> Com razão, Korsch afirma – e a esse respeito poderíamos pensar em De Maistre e Bonald: "Assim, a teoria [...] do movimento operário moderno foi impregnada também de uma parte daquela [...] 'desi-

---

7 Ed. Bras.: Walter Benjamin, "O narrador: considerações sobre a obra de Nikolai Leskov". In: *Magia e técnica, arte e política*. Trad. Sergio Paulo Rouanet. São Paulo: Brasiliense, 1987, p.215. (N. T.)

124 ANTICAPITALISMO ROMÂNTICO E NATUREZA

lusão' que [...] fora proclamada após a grande Revolução Francesa, primeiro pelos primeiros teóricos franceses da contrarrevolução, e depois pelos românticos alemães, desilusão que exerceu uma forte influência sobre Marx, principalmente através de Hegel". (Benjamin, V, 2, p.820)

Pode-se duvidar que Joseph De Maistre – amplamente citado na seção sobre Baudelaire nas *Passagens* – fosse de algum interesse para Marx, que provavelmente nunca o leu. Mas a hipótese geral de que as correntes antiburguesas românticas eram relevantes para Marx é muito apropriada e, claro, corresponde à própria tentativa de Benjamin de reformular o materialismo histórico. Essas tendências românticas também são mencionadas em outra citação extensa do livro de Korsch:

> Fontes de Marx e Engels: "Eles tomaram de empréstimo dos historiadores burgueses do período da Restauração o conceito de classe social e de luta de classes; de Ricardo, a fundamentação econômica das diferenças de classe; de Proudhon, a proclamação do proletariado moderno como a única classe realmente revolucionária; dos denunciadores feudais e cristãos da nova [...] ordem econômica, o desmascaramento impiedoso dos ideais liberais burgueses, a invectiva carregada de ódio que atinge fundo o coração; Do socialismo pequeno-burguês de Sismondi, o desmembramento perspicaz das contradições insolúveis do modo moderno de produção; dos companheiros iniciais da esquerda hegeliana, principalmente Feuerbach, o humanismo e a filosofia da ação; dos partidos políticos operários seus contemporâneos – os social-democratas franceses e os canistas ingleses – , o significado da luta política para a classe trabalhadora; da Convenção francesa, de Blanqui e dos blanquistas, a doutrina da ditadura revolucionária; de Saint-Simon, Fourier e Owen, todo o conteúdo de seu programa socialista e comunista: a transformação total dos fundamentos da sociedade capitalista vigente, a abolição das classes [...] e a transformação do Estado em uma simples instância administrativa da produção".[8]

---

8 Karl Korsch, Karl Marx (1938), citado em Benjamin (1983, V, 1, p.819-920).

Tanto para Korsch quanto para Benjamin, os críticos românticos – dos "socialistas cristãos" a Sismondi – ocupam um lugar significativo nessa genealogia da teoria marxiana.

Outro argumento na tentativa de Benjamin de emancipar o marxismo das ilusões de progresso é uma crítica à idealização do trabalho industrial. Várias citações de Marx ou Engels nas *Passagens* estão ligadas a essa crítica, como aquela em que Engels, em *A situação da classe trabalhadora na Inglaterra* (1845), compara o "infindável sofrimento no trabalho, no qual o mesmo processo mecânico é repetido sempre" ao trabalho infernal de Sísifo: "o fardo do trabalho, tal qual a pedra de Sísifo, despenca sempre sobre o operário esgotado" (Benjamin, 1983, V, 1, p.162).

O marxismo de Benjamin, desenvolvido nas *Passagens* e em seus últimos escritos, constitui uma reinterpretação nova e original do materialismo histórico, radicalmente diferente da ortodoxia da Segunda e da Terceira Internacionais. Ele deve ser visto como uma tentativa de aprofundar e radicalizar a oposição entre o marxismo e a ideologia burguesa, de aumentar seu potencial revolucionário e aguçar seu conteúdo crítico. Durante a segunda metade da década de 1920 e na década de 1930, Benjamin foi, em termos políticos, um simpatizante idiossincrático do movimento comunista. No entanto, ele sentia uma forte afinidade com Leon Trotski – como atesta uma carta que ele escreveu a Gretel Adorno na primavera de 1932 – e, particularmente depois de 1937, foi se distanciando cada vez mais do marxismo soviético (stalinista). Desse compromisso *linksradikal* (de extrema esquerda) decorreu, de maneira bastante lógica, uma avaliação muito crítica da social-democracia, cuja cegueira ele enfrentou com os poderosos *insights* de Marx e Engels. Por exemplo, seu artigo "Eduard Fuchs, colecionador e historiador", de 1937, traz um forte ataque à ideologia social-democrata, que combina o marxismo com o positivismo, o evolucionismo darwinista e o culto ao "progresso". Para ele, o maior erro dessa ideologia é ver no desenvolvimento da tecnologia apenas o progresso das ciências naturais, e não a regressão social. Ela nunca percebe o perigo de que as energias produzidas pela tecnologia possam servir sobretudo para o aperfeiçoamento técnico da guerra. Contra o otimismo superficial dos pseudomarxianos social-democratas, Benjamin opõe sua

126 ANTICAPITALISMO ROMÂNTICO E NATUREZA

perspectiva pessimista-revolucionária, citando "a perspectiva da barbárie em gestação, de que um Engels e um Marx tiveram a intuição (respectivamente em A *situação da classe trabalhadora na Inglaterra* e no prognóstico da evolução do capitalismo)" (Benjamin, 1974, II, 2, p.488).[9]

Embora Benjamin rejeitasse as doutrinas do progresso, isso não o impediu de postular uma alternativa radical ao desastre iminente – uma utopia revolucionária. Em *Paris, a capital do século XIX* (1935), ele argumenta que as utopias – sonhos de um futuro diferente – estão intimamente associadas a elementos vindos de uma história primeva (*Urgeschichte*), ou seja, de uma sociedade primitiva e sem classes. Armazenadas no inconsciente coletivo, essas experiências do passado "geram, em interação com o novo, a utopia" (Benjamin, 1983, V, 1, p.47). Como argumentamos, o protesto romântico contra a modernidade capitalista é sempre formulado em nome de um passado idealizado, seja real, seja mítico. Embora haja referências frequentes a um paraíso perdido nos primeiros escritos teológicos de Benjamin, é somente na década de 1930 que o comunismo primitivo desempenha especificamente esse papel – como em Marx e Engels, que tomaram emprestado a ideia da antropologia romântica de Maurer, Morgan e Bachofen.

A crítica de Benjamin a Bachofen, escrita em 1935, é uma das chaves mais importantes para compreender seu método de tecer uma nova filosofia da história com os fios do marxismo e romantismo. Rejeitando a interpretação conservadora (Klages) e fascista (Bäumler) de Bachofen, ele afirma que o trabalho deste último sobre o matriarcado, "inspirado por fontes românticas", atraiu o interesse de pensadores marxianos e anarquistas por causa de sua "sugestão de uma sociedade comunista nos primórdios da história". O geógrafo anarquista Elisée Réclus encontrou nos livros de Bachofen as antigas fontes de seu ideal libertário, enquanto Engels e Paul Lafargue estavam interessados em sua apresentação das comunidades matriarcais como organizações

---

9 Ed. Bras.: Walter Benjamin, "Eduard Fuchs, colecionador e historiador". In: *O anjo da história*. Trad. João Barrento. 2.ed. Belo Horizonte: Autêntica, 2016, p.148. (N. T.)

sociais nas quais existia um alto nível de democracia e igualdade civil, bem como formas de comunismo primitivo que subvertiam o conceito de autoridade (Benjamin, 1974, II, 1, p.220-230).[10] As sociedades arcaicas também viviam em maior harmonia com a natureza. Nas *Passagens*, Benjamin mais uma vez questiona o "domínio" (*Beherrschung*) da natureza e sua "exploração" (*Ausbeutung*) pelas sociedades modernas. Como Bachofen já havia mostrado, Benjamin insiste, "a concepção criminosa (*mörderisch*) da exploração da natureza" – um conceito capitalista moderno, que se tornou dominante a partir do século XIX – não existia nas sociedades matriarcais do passado porque a natureza era percebida como uma mãe dadivosa (*schenkenden Mutter*) (Benjamin, 1983, V, 1, p.456). É preciso enfatizar que a palavra alemã *Ausbeutung* tem conotações um pouco mais radicais que "exploração": ela tem a mesma raiz comum que *Beute*, "butim", que sugere saque. Assim, *Ausbeutung der Natur* significa não só explorar, mas também espoliar a natureza, que é, obviamente, um dos principais *topoi* críticos da ecologia moderna.

Esses trechos das *Passagens* talvez sejam os argumentos protoecológicos mais importantes dos escritos de Benjamin. Na verdade, há uma semelhança notável entre suas ideias e as expressas na Conferência Mundial dos Povos sobre Mudança Climática e os Direitos da Mãe Terra, que aconteceu em Cochabamba, Bolívia, convocada pelo então presidente Evo Morales. As resoluções adotadas em Cochabamba retomam quase literalmente o argumento de Benjamin sobre a relação "criminosa" da civilização industrial capitalista com a natureza, considerada pelas comunidades tradicionais uma "Mãe dadivosa".[11] Para Benjamin – como para Engels e o socialista libertário Élisée Reclus –, a questão não era retornar ao passado pré-histórico, mas sim apresentar a perspectiva de uma nova harmonia entre a sociedade e o meio ambiente natural. O

---

10 Ed. Bras.: Benjamin, "Johann Jakob Bachofen". In: *O anjo da história*. Trad. João Barrento. 2.ed. Belo Horizonte: Autêntica, 2016, p.91-107. (N. T.)
11 Para a declaração final da conferência de Cochabamba, o "Acordo dos Povos", consulte: https://pwccc.wordpress.com/2010/04/24/peoples-agreement/.

128 ANTICAPITALISMO ROMÂNTICO E NATUREZA

nome que resume para Benjamin a promessa dessa futura reconciliação com a natureza é Fourier. É somente em uma sociedade socialista, em que a produção não mais se baseie na exploração do trabalho humano, que

> o trabalho [...] despe-se do caráter de exploração da natureza pelo homem, e se realizaria, então, segundo o modelo do jogo infantil que serve de base ao "trabalho apaixonado" dos "harmonianos" em Fourier. [...] Um trabalho animado assim pelo jogo não visa a produção de valores, e sim o melhoramento da natureza. (Benjamin, V, 1, p.456)

Ideias semelhantes são sugeridas nos ensaios de Benjamin sobre Baudelaire. Para Benjamin, a expressão *vie antérieure* refere-se a uma época primitiva (análoga à estudada por Bachofen) em que ainda existiam experiências autênticas e as cerimônias rituais e os feriados permitiam uma fusão entre o passado individual e o passado coletivo. É essa memória de uma antiga *Erfahrung* que inspira o jogo de *correspondências* entre a humanidade e a natureza em Baudelaire, e a sua recusa à *catástrofe moderna:* "As correspondências são os dados da rememoração. Não são dados históricos, mas da pré-história. O que torna grandes e significativos os dias de festa é o encontro com uma vida anterior".[12] Claramente, Benjamin não está propondo um retorno aos tempos pré-históricos, mas sim sonhando com uma sociedade utópica como ele parece vislumbrar nos romances "futuristas" de Paul Scheebart – como sugere em uma curta nota francesa, "Sur Scheerbart", em 1938 – uma sociedade em que "os seres humanos vão renunciar à ideia vil e grosseira de que respondem a um chamado para 'explorar' as forças da natureza", e, em vez disso, compreenderão a necessidade de uma nova forma de tecnologia que libertaria os humanos tanto quanto "fraternalmente libertaria toda a criação" (Benjamin, 1973, II, 2, p.631).

---

12 Ed. Bras.: Walter Benjamin, "Sobre alguns motivos na obra de Baudelaire". In: *Baudelaire e a modernidade.* In: Trad. João Barrento. Belo Horizonte: Autêntica, 2015, p.130-134. (N. T.)

A revolução é o freio de emergência

Em 1939, quando a guerra começou, Benjamin foi encarcerado como um "estrangeiro inimigo" pelo governo francês. Conseguiu escapar do campo de internamento, mas após a vitória alemã e a ocupação da França em 1940, foi obrigado a fugir de Paris para Marselha. Nessa situação dramática ele escreveu seu último texto, as *Teses sobre o conceito da História* , talvez o documento mais importante da teoria revolucionária desde as célebres *Teses sobre Feuerbach* (1845) de Marx. Poucos meses depois, em setembro de 1940, após uma tentativa fracassada de escapar pela Espanha, escolheu o suicídio.

Nessas páginas, que são poucas, mas extraordinariamente densas, Marx é citado com frequência, mais uma vez como o pensador da luta de classes e da revolução. A ideologia do progresso – tal como encontrada dentro do movimento comunista e também na sociedade burguesa – é criticada em seus fundamentos filosóficos, na forma do conceito de tempo linear e vazio em oposição à própria concepção messiânica de Benjamin. A questão da relação entre o marxismo e o messianismo nos últimos escritos de Benjamin é, sem dúvida, das mais controversas. Durante a profunda polêmica da década de 1960 na Alemanha, alguns insistiram na dimensão religiosa, outros em seu materialismo marxiano. O próprio Benjamin se referiu ironicamente (em carta a Scholem) à sua "face de Jano", mas os críticos muitas vezes olhavam apenas para uma das faces, ignorando a outra. Para ir além desse tipo de polêmica, vale lembrar que o deus romano tinha duas faces, mas apenas uma cabeça. As faces de Benjamin são manifestações de um único pensamento, que teve simultaneamente uma expressão messiânica e uma marxiana.

Como em escritos anteriores que já mencionamos, aqui também Benjamin argumenta veementemente – muito em oposição à corrente em relação às ideias de esquerda dominantes na sua época – que a supressão da exploração do trabalho – o objetivo tradicional do movimento socialista dos trabalhadores – não pode ocorrer se a natureza continua sendo explorada. Curiosamente, Marx já havia sugerido em *O capital* que as duas explorações estão ligadas: "a produção capitalista só desenvolve a técnica e a combinação do processo de produção social na medida em que

130 ANTICAPITALISMO ROMÂNTICO E NATUREZA

solapa os mananciais de toda a riqueza: a terra e o trabalhador"
(Marx, 1970, p.637-637). Benjamin provavelmente não estava
familiarizado com essa passagem, que ele não menciona.
Essa questão é discutida principalmente na Tese XI, em que
Benjamin enfatiza a oposição radical entre Marx e a social-democracia (alemã) no que diz respeito ao tratamento da natureza. Por
exemplo, ao denunciar a idealização social-democrata do trabalho
industrial – crítica já feita nas Passagens –, Benjamin comenta:

> Nada corrompeu mais as classes trabalhadoras alemãs do que a
> ideia de que elas estavam integradas na corrente dominante. O
> desenvolvimento técnico foi visto por elas como o declive da
> corrente que julgavam acompanhar. Daqui até a ilusão de que o
> trabalho na fábrica, visto como fazendo parte desse progresso téc-
> nico, representava uma conquista política, foi apenas um passo. A
> velha moral protestante do trabalho, agora em forma secularizada,
> comemorava com os trabalhadores alemães a sua ressurreição. O
> Programa de Gotha revela já sinais dessa fundamental confusão,
> ao definir o trabalho como "a fonte de toda a riqueza e de toda a
> cultura". Antevendo coisas terríveis, Marx respondera já que o ser
> humano que não possua outra riqueza a não ser a força de trabalho
> "será necessariamente escravo dos outros seres humanos, os que se
> transformaram em proprietários". (Benjamin, 1969, p.258-259)[13]

Como leitor atento de Max Weber, Benjamin acreditava que
a moral protestante do trabalho tinha ligações estreitas – por afinidade eletiva – com o espírito do capitalismo. Benjamin recorre
tanto a Weber quanto a Marx para criticar a postura conformista
da social-democracia em relação à produção industrial capitalista.
Critica também o que considera o conceito social-democrata
"corrupto" de natureza, tal como aparece no comentário de
Joseph Dietzgen – um "filósofo socialista" do século XIX, hoje
esquecido, mas que foi bastante influente na social-democracia
alemã –, de que a natureza "está aí e é grátis", ou seja, uma

---

13 Ed. Bras.: Walter Benjamin, "Sobre o conceito da História". In: *O anjo
da história*. Trad. João Barrento. 2.ed. Belo Horizonte: Autêntica, 2016,
p.15. (N. T.)

mercadoria barata que pode ser espoliada indefinidamente. Para Benjamin – em um comentário não incluído em *Sobre o conceito da História* –, a ideia de Dietzgen de uma "natureza descartável e gratuita" é sinônimo da ideia sinistra de "explorar a natureza" (Benjamin, 2010, p.22, 144). Na mesma Tese XI, Benjamin mais uma vez aclama Fourier como o visionário utópico de "uma ideia de trabalho que, longe de explorar a natureza, seria capaz de libertar dela as forças criativas que dormem em latência no seu seio". Os exemplos que ele dá para o sonho utópico de Fourier são curiosos. Alguns são poéticos – quatro luas iluminariam a noite, a água do mar não teria gosto salgado – mas outros, de uma perspectiva do século XXI, parecem um tanto desastrosos: "o gelo desapareceria dos polos" (exatamente o que está acontecendo hoje, decerto, com o aquecimento global). Mas, em vez de interpretá-los literalmente, talvez devamos percebê-los como expressões do desejo de transformar o planeta em um *jardim encantado*.

Seria um erro supor que Benjamin quisesse substituir o marxismo pelo socialismo utópico. Ele considerava Fourier como um complemento (importante) a Marx. Os dois se opunham ao positivismo social-democrata – mais uma vez ilustrado por Joseph Dietzgen – para quem "o trabalho, tal como agora é entendido, tem como finalidade a exploração da natureza, que é contraposta, com ingênua complacência, à exploração do proletariado". Trata-se de uma "ideia de natureza que se distingue de forma ominosa das utopias socialistas do período do *Vormärz*", e que "revela já aqueles traços tecnocráticos que mais tarde iremos encontrar no fascismo" (Benjamin, 1969, p.22). Este último comentário é particularmente interessante, porque o fascismo alemão pretendia, em sua propaganda, ressuscitar uma visão tradicionalista da natureza e dos laços orgânicos naturais do "sangue e do solo" (*Blut und Boden*). Benjamin, em vez disso, enfatiza o *modernismo reacionário* do projeto tecnocrático industrial (capitalista) do Terceiro Reich baseado na exploração implacável dos recursos naturais, que estava escondido atrás dessa fachada "orgânica".

Como vimos nas *Passagens*, a utopia socialista proposta por Marx e Fourier tem suas origens no passado antigo – o pré-histórico Jardim do Éden perdido do comunismo primitivo – discutido por Bachofen, Engels e outros socialistas. Como isso se relaciona com o Paraíso Perdido da famosa Tese IX de *Sobre o conceito da História* ? Devemos interpretar esse texto enigmático e fascinante como uma *alegoria* em que cada imagem sagrada tem um "correspondente" profano (no sentido baudelairiano). A história é representada por um anjo impotente, projetado inexoravelmente no futuro por uma tempestade que sopra do paraíso, enquanto a seus pés se acumulam ruínas e destroços: "Aquilo a que chamamos o progresso é *este* vendaval" (ibid., p.35-36). É difícil evitar a conclusão de que o paraíso do qual estamos sendo levados pela catástrofe do progresso tem seu equivalente profano – ou melhor, seu "correspondente" – na sociedade pré-histórica igualitária, a comunidade primitiva que foi sonhada não só pelo historiador do matriarcado (Bachofen), mas também pelo *poète maudit* (Baudelaire) e pelos pais fundadores do socialismo.

Como vemos, a "reformulação" do materialismo histórico nas *Teses* envolve uma reapropriação seletiva – e heterodoxa – dos temas marxianos que parecem a Benjamin essenciais para sua iniciativa: o Estado como dominação de classe, a luta de classes, a revolução social e a utopia de uma sociedade sem classes. O próprio materialismo, revisado pela teologia, é incorporado em seu sistema teórico, bem como elementos-chave da *Zivilisationskritik* romântica. O resultado é um retrabalho, uma reformulação crítica do marxismo, que integra "estilhaços" messiânicos, românticos, blanquistas, anarquistas e fourieristas ao corpo do materialismo histórico. Ou melhor, é a fabricação, a partir de todos esses materiais, de um marxismo novo e herético, radicalmente diferente de todas as variantes – ortodoxas ou dissidentes – da época de Benjamin.

Quase não há críticas diretas a Marx e Engels nas *Teses* em si, mas elas aparecem aqui e ali nas notas associadas. Em um ponto importante, Benjamin assinala uma distância crítica do autor de *O Capital* sobre a questão do "progresso": "Crítica da teoria do progresso em Marx. O progresso é aí definido com referência ao desenvolvimento das forças produtivas. Mas delas fazem parte o homem, ou o proletariado. Assim, a questão do critério é relegada para segundo plano" (ibid., 130). Trata-se, na verdade, de um ponto de grande importância, pois uma visão acrítica do desenvolvimento das forças produtivas estimulou amplamente as interpretações economicistas da Segunda Internacional e do produtivismo stalinista, em contraste com uma abordagem ecológica. Mas a questão permanece no nível de uma proposta programática, e Benjamin não se dedica a ela de maneira mais profunda.

Outro comentário crítico é essencial para entender como Walter Benjamin concebe a revolução: "Marx diz que as revoluções são a locomotiva da história universal. Mas talvez as coisas se passem de maneira diferente. Talvez as revoluções sejam o gesto de acionar o travão de emergência por parte do gênero humano que viaja nesse comboio" (ibid., p.217). Implicitamente, a imagem sugere que, se a humanidade permitir que o trem siga o curso já traçado pela estrutura de aço dos trilhos e nada interromper sua vertiginosa trajetória, seremos lançados na catástrofe – um espatifar-se no abismo. Esse trecho é uma das notas preparatórias às *Teses sobre o conceito da História* e não aparece nas versões finais do documento. A passagem de Marx a que Benjamin se refere aparece em *A Guerra civil na França*: "*Die Revolutionen sind die Lokomotiven der Geschichte*" (a palavra "universal" não aparece no texto de Marx).

É claro que até mesmo Benjamin, o mais pessimista dos marxianos, não conseguia prever até que ponto o processo de exploração capitalista e dominação da natureza – e seu duplo burocrático nos países do Oriente antes da queda do Muro – teria consequências catastróficas para toda a humanidade. Agora, no início do século XXI, estamos testemunhando o "progresso" cada vez mais rápido do trem da civilização industrial capitalista rumo ao abismo, um abismo chamado desastre ecológico, cuja expressão mais dramática é o aquecimento global. É importante ter em mente a aceleração cada vez maior do trem, a velocidade vertiginosa com que ele corre para a catástrofe. Há alguns anos, quando se falava dos perigos da catástrofe ecológica, falava-se de um futuro distante, talvez no final do século XXI. Hans Jonas, em *The Imperative of Responsibility*, pediu que protegêssemos a vida das gerações que ainda estão por vir. Agora, no entanto, o processo de mudança climática acelerou a ponto de estarmos discutindo o que acontecerá nas próximas décadas. Na verdade, a catástrofe já começou e estamos numa corrida contra o tempo para tentar impedir, desacelerar e conter o processo, que resultará não só na elevação da temperatura do planeta, mas na desertificação de

134 ANTICAPITALISMO ROMÂNTICO E NATUREZA

áreas vastas, na elevação do nível do mar e no desaparecimento de cidades costeiras sob as ondas: Veneza, Amsterdã, Hong Kong e Rio de Janeiro.

Uma revolução é necessária, escreveu Benjamin, para interromper a corrida rumo à catástrofe. Ban Ki-moon, secretário-geral das Nações Unidas, que está longe de ser um revolucionário, apresentou o seguinte diagnóstico: "Nós", disse ele, referindo-se sem dúvida aos governos do mundo, "estamos com o pé emperrado no acelerador e caminhando para um abismo" (*Le Monde*, 5/9/2009). Benjamin definiu o progresso destrutivo que acumula catástrofes como "vendaval" [*storm*].[14] A mesma palavra aparece no título (que parece ter sido inspirado em Benjamin) do último livro de James Hansen, climatologista da Nasa e um dos maiores especialistas mundiais em mudanças climáticas. Publicado em 2009, o título do livro é *Tempestades dos meus netos: mudanças climáticas e as chances de salvar a humanidade*. Hansen também não é revolucionário, mas sua análise da "tempestade" [*storm*] que se aproxima – que tanto para ele quanto para Benjamin é uma alegoria de algo muito mais ameaçador – impressiona por sua lucidez.

A humanidade fará uso dos freios revolucionários? Cada geração, escreve Benjamin em *Sobre o conceito da História*, foi dotada de uma "tênue força messiânica", e a nossa não é exceção. Como já havia escrito em *Rua de mão única* na década de 1920, se não a exercitarmos "até um momento quase calculável do desenvolvimento econômico e técnico [...], tudo está perdido". Como Thomas Cole um século antes, Benjamin foi um profeta, não como um adivinho do futuro ou oráculo grego, mas no sentido do Antigo Testamento, como alguém que chama a atenção do povo para os perigos por vir. Suas previsões eram condicionais: ver o que vai acontecer, a menos que... se nós não... Nessa perspectiva, o futuro ainda está aberto. Em uma metáfora da tradição judaica da qual Benjamin se apropriou, cada segundo é o portão estreito através do qual a salvação pode chegar.

---

14 Optamos por traduzir *storm* por "vendaval", acompanhando a edição em português do referido texto de Walter Benjamin, diferentemente da versão brasileira do livro de James Hansen, que o traduziu por "tempestade". (N. T.)

CAPÍTULO 5

RAYMOND WILLIAMS: CULTURA ROMÂNTICA E ECOLOGIA SOCIALISTA

Filho de um ferroviário galês, Raymond Williams (1921-1988) sempre foi uma espécie de *outsider* na elite acadêmica britânica, em virtude de sua dupla lealdade, ao longo de toda a vida, à classe trabalhadora e à cultura galesa. Para sermos exatos, estudou literatura na elitista Universidade de Cambridge, mas, ao ingressar no Partido Comunista no final dos anos 1930, colocou-se necessariamente à margem do establishment acadêmico. Seus estudos foram interrompidos pela Segunda Guerra Mundial, na qual lutou em uma unidade de tanques blindados. Depois da guerra, decidiu abandonar Cambridge – assim como o Partido Comunista – e passou a lecionar, com o amigo E. P. Thompson, na Associação Educacional dos Trabalhadores, uma rede pedagógica ligada ao movimento trabalhista britânico. Só foi retornar a Cambridge, como professor, em 1961.

Williams, junto com Stuart Hall e seus amigos do Centro de Estudos Culturais Contemporâneos de Birmingham, foi um dos principais iniciadores – por meio da influência de seu livro *Cultura e sociedade* (1958) – dos "Estudos Culturais", que estava destinado a se tornar uma das áreas mais importantes da pesquisa acadêmica anglo-norte-americana. Também foi um dos fundadores da *New Left Review* ao lado de E. P. Thompson, John Saville, Stuart Hall, Raphael Samuel e outros intelectuais marxianos britânicos que

136 ANTICAPITALISMO ROMÂNTICO E NATUREZA

deixaram o Partido Comunista em 1956. Algumas das suas obras, como *Palavras-chave: um vocabulário de cultura e sociedade* (1976) e *Marxismo e literatura* (1977), alimentaram a reflexão de várias gerações de intelectuais críticos de ambos os lados do Atlântico. Williams teve influência considerável. Basta dizer que, até o final dos anos 1970, já havia vendido 750 mil exemplares de suas obras. Seus primeiros escritos tratavam exclusivamente da cultura britânica, mas, durante os anos 1960, descobriu o marxismo ocidental – a tendência historicista e humanista que inclui Gramsci, Lukács e Lucien Goldmann – com o qual mantinha fortes afinidades. Seu trabalho se tornou uma ponte entre a tradição cultural romântica britânica e o marxismo continental. Intelectual comprometido com crenças socialistas sólidas, publicou, com E. P. Thompson, um influente documento anticapitalista, o *May Day Manifesto* (1968), que denunciava categoricamente os mitos da "modernização":

> Como modelo de mudança social, a modernização reduz grosseiramente o desenvolvimento histórico da sociedade. [...] Todo o passado pertence à sociedade "tradicional" e a modernização é um meio técnico de romper com o passado sem criar um futuro. [...] É um modelo tecnocrático de sociedade, livre de conflitos e politicamente neutro, que dissolve conflitos e questões sociais genuínas nas abstrações de "revolução científica", "consenso", "produtividade". (Williams, 1968, p.45)

Autor de romances, obras de análise sociológica, estudos marxianos de literatura, teatro e mídia (especialmente televisão), além de ensaios políticos, Williams também foi um dos principais proponentes da Campanha pelo Desarmamento Nuclear (CDN). É importante enfatizar que ele, ao contrário de muitos ex-esquerdistas, nunca desistiu de suas ideias radicais e de seu compromisso socialista. Esta característica definidora de seu trabalho foi ofuscada em muitos "estudos culturais" anglo-norte-americanos posteriores, que em geral tentaram interpretar seus escritos de acordo com uma abordagem "pós-moderna" e "pós-marxiana" que eliminava de sua obra a essência crítica e anticapitalista.

A dimensão romântica é crucial para a compreensão da obra de Raymond Williams, que abrange um período muito longo – do final dos anos 1940 ao final dos anos 1980. É inegável que ele evoluiu ao longo de sua carreira, mas nunca repudiou os fundamentos românticos de seu pensamento. *Marxismo e literatura* é, sem dúvida, o menos romântico de seus escritos, embora não contradiga suas posições anteriores, como é corroborado por outros textos que do final dos anos 1970.[1] Na década de 1980, Williams começou a reagir com mais firmeza contra o estruturalismo e o pós-estruturalismo, e novamente trouxe a perspectiva romântica revolucionária para a vanguarda de seu pensamento, desenvolvendo-a de novas maneiras, incluindo uma ênfase ecológica.

Vamos nos concentrar primeiro em alguns exemplos importantes do trabalho não ficcional de Williams nas ciências sociais e humanas.[2] Por serem retirados de diferentes períodos de sua carreira, poderemos mostrar a continuidade e a evolução da problemática romântica em sua produção.[3]

Cultura e sociedade

Em *A política e as letras* (1979), uma série de entrevistas com vários editores da *New Left Review*, há uma entrevista que trata da obra-prima *Cultura e sociedade*, a primeira de Williams a chamar

---

1 Por exemplo, em uma crítica a *George Lukacs* – from Romanticism to Bolshevism, de Michael Löwy (1979), Williams se recusa a ver o bolchevismo como um simples "progresso" em relação ao difuso romantismo anticapitalista do jovem Lukacs e outros. Ele ressalta que, uma vez que os românticos condenaram a burocracia estatal, a quantificação do pensamento sob o industrialismo e a falta de comunidade na sociedade moderna, "dificilmente podemos supor, a partir do final dos anos 1970, que eles estavam perdendo tempo ou perdendo alguma simples verdade central" (New Society , 24 jan. 1980, p.189).

2 Os romances de Williams, que se passam na região do País de Gales, onde cresceu, também exibem traços românticos. O deles, *O povo das Montanhas Negras*, publicado postumamente, em particular, retorna à pré-história da região, retratando as primeiras comunidades caçadoras unificadas e próximas da Natureza. O modo de vida dessas comunidades é mostrado como limitado, mas rico em relação à qualidade de seus vínculos humanos e naturais (Williams, 1989).

3 Para monografias sobre todo o trabalho de Williams que enfatizam suas continuidades, ver Jan Gorak (1988) e Fred Inglis (1995).

138 ANTICAPITALISMO ROMÂNTICO E NATUREZA

a atenção do público. Williams explica que a principal intenção da obra era ser "de oposição". Queria

> ir contra a apropriação de uma longa linhagem de pensamento sobre cultura feita a partir de posições, naquele momento, indubitavelmente reacionárias, [...] tentar recuperar a complexidade real da tradição que havia sido confiscada, de modo que a apropriação pudesse ser apreciada pelo que ela era de fato. [...] A versão seletiva de cultura poderia ser rebatida historicamente pelos textos dos pensadores que contribuíram para a formação e discussão dessa ideia. (Williams, 1979, p.97-98)[4]

A tradição que Williams desejava salvar da apropriação pela direita (ele iniciou a pesquisa e a reflexão que culminaria em *Cultura e sociedade* em 1948, no início da Guerra Fria) era precisamente a tradição romântica das letras inglesas, que se estende do final do século XVIII até o período contemporâneo.

O estudo toma como ponto de partida a percepção de que, naquele período, ocorriam dois desenvolvimentos paralelos: de um lado, a introdução e evolução de um novo significado da palavra "cultura", e, de outro, as grandes transformações sociais envolvidas no advento do capitalismo industrial. A cultura, em seu novo significado, é definida pelo contraste com a nova sociedade; é o domínio do ideal e do valor verdadeiro, em oposição à nova civilização injusta, corrupta e degradada. Alguns veem a cultura como um refúgio na sociedade moderna – o enclave da elite intelectual e artística –, enquanto para outros ela não é nada se não for generalizada ("uma cultura comum"). Todos compartilham a convicção de que uma comunidade cultural existia antes do advento da modernidade.

Ao explorar essa tradição, Williams demonstra a diversidade de posições políticas que podem ser encontradas dentro da mesma postura básica de recusa da sociedade comercial, industrial e mecanicista moderna. Começa apontando as afinidades entre

---

4 Ed. bras.: Raymond Williams, *A política e as letras*: entrevistas da New Left Review. Trad. André Glaser. São Paulo: Unesp, 2013, p.88. (N. T.)

conservadores como Burke e Southey e radicais ou socialistas como Cobbett e Owen: mais adiante, localiza na mesma tradição o anarcocomunista William Morris e T. S. Eliot, que ansiava por restaurar a cristandade medieval. Mostra que certos autores, como Carlyle e D. H. Lawrence, evoluíram em termos ideológicos, ao passo que permaneceram fundamentalmente românticos. Williams atribui um papel crucial a Morris no desenvolvimento da crítica da "sociedade" em nome da "cultura", vendo nele uma "figura central" entre os séculos XIX e XX.

> em meados do século XX, Morris continua sendo um pensador contemporâneo, pois os rumos indicados por ele passaram a fazer parte de um movimento social geral. Seu lugar de pertencimento, no entanto, é essencialmente junto aos grandes rebeldes vitorianos [...]. (Williams, 1959, p.161)[5]

Williams dedica um capítulo importante de *Cultura e sociedade* à relação entre a tradição romântica e o marxismo (sobretudo inglês, pois o horizonte intelectual de Williams era quase exclusivamente britânico). Afirma que muitos dos marxianos ingleses dos anos 1930 deram continuidade, de uma forma diferente, à tradição de Matthew Arnold e Morris, uma vez que sua tentativa de criar uma teoria marxiana da cultura constituiu "uma interação entre o romantismo e Marx, entre a ideia de cultura, que é a grande tradição inglesa, e a brilhante reavaliação de Marx". Quando Williams acrescenta "Temos de concluir que a interação ainda está longe de se completar", define, talvez sem saber, o projeto que realizaria com E. P. Thompson nos anos seguintes (ibid., p.280).

Embora Williams examine, na parte principal da obra, uma tendência intelectual e artística da "alta cultura", analisando-a e avaliando-a em seus próprios termos, a conclusão introduz um novo ponto de vista – o da classe trabalhadora. Ao contrário da maioria dos marxianos de Oxford dos anos 1930, Williams nasceu

---

5 Ed. Bras.: *Cultura e Sociedade*: de Coleridge a Orwell. Petrópolis: Vozes, 2011. (N. E.)

nessa classe e, na conclusão de seu estudo, traz sua perspectiva pessoal, tentando vincular a tradição romântica na cultura de elite com a cultura da classe trabalhadora. Em ambos os casos, encontra um *éthos* de "comunidade" em oposição à "ideia burguesa de sociedade" como um agregado de indivíduos rivais, embora os românticos de classe média baseiem essa comunidade em uma ética de "serviço", enquanto para a classe trabalhadora ela assume a forma de "solidariedade" (ibid., 328). Williams prefere a última, e a celebração de um ideal da classe operária nesse texto é um exemplo de elementos já presentes em seus primeiros trabalhos que só depois são desenvolvidos mais a fundo.

Podemos ver claramente a continuidade do trabalho de Williams também em sua resposta às críticas amistosas, mas contundentes, que os editores da *New Left Review* fizeram em *A política e as letras* (1979) a respeito de *Cultura e sociedade*. Em particular, eles reprovam o livro por eliminar a dimensão política dos escritores estudados e, assim, minimizar ou mascarar as posições políticas questionáveis tomadas por alguns deles (a posterior justificativa de Carlyle para o racismo e o imperialismo, por exemplo). Em sua resposta, Williams reconhece que talvez devesse ter lidado de forma mais explícita com esses fenômenos e que, na época da entrevista, não teria escrito o livro da mesma maneira, mas insiste em defender as escolhas fundamentais que fez nos anos 1950:

> Eu havia descoberto temas profundamente relacionados tanto à noção da crise social de meu tempo quanto ao caminho socialista para além dele – não pela lista aprovada pelos pensadores progressistas, mas por suas vidas controversas. [...] O afastamento me permitiu reintroduzir certos temas e questões que me parecem o ponto crucial da ação ainda hoje, mas que inexistiam no que eu entendia na época, e entendo hoje, como política. (Williams, 1979, p.106)

Pois os comunistas e socialistas muitas vezes foram os proponentes de um produtivismo exacerbado tanto quanto os ideólogos burgueses, e, para Williams, foi precisamente com a explosão de produtividade do pós-guerra que "a questão colocada por Blake ou Cobbett adquiriu sua força" (ibid., p.115).

O campo e a cidade

Os mesmos problemas relativos à modernidade são grandes preocupações em *O campo e a cidade*, do início dos anos 1970, numa época em que Williams já se aproximava de uma perspectiva marxiana explícita. O livro explora um tema da literatura inglesa que se sobrepõe parcialmente ao de *Cultura e sociedade* – o contraste entre o campo e a cidade – ao analisar as relações muitas vezes complexas entre as imagens literárias e a história real, particularmente em termos de relações de classe e pontos de vista. Em *A política e as letras*, os editores da *New Left Review* elogiam essa abordagem como um passo à frente em relação a *Cultura e sociedade*. No entanto, apontam que a verdadeira importância do livro está na sua *transcendência* da problemática marxiana usual, uma vez que, em geral, a obra de Marx e Engels carece "da ideia de uma tradição *continuada* de valores do passado que informam as lutas do presente" (itálico no texto) (ibid., 314). Desse modo, a contribuição característica de Williams foi mostrar a presença efetiva, por meio do desdobramento histórico da visão romântica, de valores pré-capitalistas no projeto emancipatório moderno.

Na entrevista sobre *O campo e a cidade*, Williams chama o livro de "polêmico". Curiosamente, no entanto, em diferentes partes da entrevista, ele afirma ter visado a dois alvos opostos. Por um lado, diz que estava atacando uma interpretação consagrada da poesia que celebrava as casas de campo, que via os poemas como simples "registros" da vida nessas casas "e, dessa forma, da sociedade rural orgânica que a Inglaterra havia um dia sido [...]". Por outro lado, declara que sua polêmica era dirigida contra a tendência dominante no Partido Trabalhista da época, que concebia o socialismo como nada mais que "um capitalismo industrial bem-sucedido os capitalistas" (ibid., p.304, p.314). Na verdade, em *O campo e a cidade*, o autor luta em duas frentes: como revolucionário, contra uma forma de romantismo que é uma mistificação reacionária; como romântico, contra a adulteração do projeto revolucionário, sua corrupção pelo mundo moderno.

O primeiro momento do livro, então, é uma crítica à ideologia da tradição literária que enaltece a vida no campo. Williams questiona a imagem idílica da propriedade rural projetada na literatura "neopastoril" do século XVII, sustentando que, na realidade, essas propriedades foram o *locus* de um capitalismo agrário inicial. A partir de meados do século XVIII, ele vê uma mudança na literatura rural, que vai da idealização para um sentimento melancólico de perda. Nessa literatura posterior, ele encontra um padrão repetido, em que cada geração lamenta uma Era Dourada de bem-estar rural e revive a ilusão de ter experimentado o desaparecimento da Velha Inglaterra.[6]

Em algumas passagens, essa desmistificação de uma temática idealizadora ou nostálgica da rusticidade pode dar a impressão de que Williams está conduzindo uma ofensiva antirromântica. Esse não é o caso, no entanto. O que ele tenta é apelar a um romantismo que possa ser convincente por ser lúcido e complexo, capaz de mobilizar as realidades da modernidade. Pode parecer lamentável que Williams não seja mais sensível à dimensão genuinamente utópica que se manifestaria até mesmo nas expressões de uma elite ociosa que ele está analisando. Mas, em *O campo e a cidade*, ele expõe sua própria perspectiva e experiência da classe trabalhadora, algo que não havia feito em *Cultura e sociedade* (ou melhor, apenas na conclusão). Refere-se à sua juventude em uma região rural de Gales (seu pai era trabalhador, mas em uma pequena aldeia) e à coesão da população trabalhadora local. São as solidariedades concretas dessa "comunidade cognoscível"[7] que ele afirma como um verdadeiro ideal rural.

Em *O campo e a cidade*, Williams também mostra que é sensível à alienação gerada pela cidade moderna. Ele cita como testemunhos convincentes os textos de Wordsworth, Carlyle e Hardy, bem como *A condição da classe trabalhadora na Inglaterra*, de Engels, que descreve a experiência de fragmentação social na cidade grande, a monadização egoísta que Engels chama de "princípio fundamental" da sociedade capitalista como um todo (Williams, 1973, p.150, p.215-216). Mas Williams também fala das possibilidades de realização oferecidas pela cidade e, por fim,

---

6 Sobre o fenômeno geral, ver o capítulo 2 de Raymond Williams (1973). [Ed. Bras.: *O campo e a cidade*. Trad. Paulo Henriques Britto. São Paulo: Companhia das Letras, 1989. (N. T.)]

7 Sobre a noção de "comunidades cognoscíveis", ver o capítulo 16 de Williams (1973).

RAYMOND WILLIAMS: CULTURA ROMÂNTICA E ECOLOGIA... 143

aspira não a um retorno ao rural, mas a uma transcendência da própria oposição entre cidade e campo, em uma sociedade pós-capitalista cujas raízes são os valores pré-capitalistas. Ele aponta que esse ideal foi defendido por Marx e Engels, mas foi pouco desenvolvido no pensamento revolucionário posterior (ibid., p.304); ele também nos lembra que Blake já havia criado uma imagem marcante desse ideal em seu famoso poema que defende a luta para construir "Jerusalém / Na terra inglesa amena e verdejante" (ibid., p.149).

Rumo ao socialismo

No último período da sua carreira – os anos 1980 –, Williams continua mergulhando em autores que havia estudado anteriormente, e seu trabalho se orienta cada vez mais para definir a forma que uma "Nova Jerusalém" poderia assumir. Ao mesmo tempo, revisa seus trabalhos anteriores em sociologia e história da cultura, delineando amplamente as linhas de uma abordagem geral que ele chama de "materialismo cultural".[8] Mencionaremos aqui duas obras que ilustram, por um lado, o desenvolvimento posterior de assuntos anteriores e, por outro, a nova orientação para o futuro. A primeira é sua monografia sobre William Cobbett,[9] um autor que já havia chamado sua atenção tanto em *Cultura e sociedade* quanto em *O campo e a cidade*, e que é, entre os autores dos quais ele já havia tratado, um dos que mais se aproximam de sua sensibilidade e ponto de vista.

Embora reconheça certas fraquezas em Cobbett, ele as considera secundárias. O que torna Cobbett valioso como escritor, aos olhos de Williams, é seu temperamento profundamente democrático, seu modo de pensar extremamente concreto e espontaneamente materialista e, acima de tudo, sua plena identificação com o sofrimento e revolta dos trabalhadores pela chegada do

---

8 Ver, em particular, "The uses of Cultural Theory" (Williams, 1986).

9 William Cobbett (1763-1835) foi famoso em sua época como jornalista, ensaísta e polemista. Depois de suas fases iniciais de republicanismo seguidas pelo conservadorismo, ele se tornou um "radical" após 1804.

144 ANTICAPITALISMO ROMÂNTICO E NATUREZA

capitalismo. É justamente essa forma de romantismo que Williams defende. Em seu estudo sobre o autor de *Rural Rides*[10] ele enfatiza a subversão de Cobbett contra aqueles que o veem como um simples reacionário:

> Se ele é a voz de alguma coisa que podemos chamar, para fins retóricos, de Velha Inglaterra, ele também é, nesse mesmo ato, a voz de protesto contra o capital financeiro, o imperialismo e o Estado aristocrático, e a voz de encorajamento à organização operária, ao protesto democrático e à resistência popular. (Williams, 1983)

Embora Williams considere o pensamento de Cobbett surpreendentemente atual em muitos aspectos – em particular no que se refere à sua precoce preocupação ecológica –,também sente que o polemista do início do século XIX é incapaz de ajudar na abordagem ao século XXI devido a um outro aspecto: sua concepção de produção é demasiado estreita (ibid., p.79). Williams acreditava que era preciso repensar essa noção, e, dois anos depois de *Cobbett*, ele começou a estabelecer esses fundamentos em um artigo chamado "Rumo a muitos socialismos" (1985)[11], no qual ele defende uma ruptura com as categorias da economia burguesa. Para a economia burguesa, apenas o "produto" é importante; os efeitos deletérios da produção sobre os humanos e a natureza são apenas um "subproduto" não essencial. Para Williams, ao contrário, o que se "produz", na verdade, é a sociedade como um todo; produto e subproduto fazem igualmente parte da produção. O que o capitalismo "produz", portanto, inclui a miséria humana e os danos ambientais resultantes dele. O socialismo deve visar, em vez disso, à "produção" do bem-estar humano e natural mais generalizado possível (Williams, 1989, p.308-309).

---

10 É a obra mais conhecida de Cobbett, e atingiu o status de clássico menor (ver William Cobbett, 1985).

11 O ensaio foi republicado em uma antologia póstuma: Raymond Williams (1989) [ed. bras.: *Recursos da esperança*. Trad. Nair Fonseca e João Alexandre Peschanski. São Paulo: Unesp, 2015]. Encontramos nessa antologia a maioria dos artigos e ensaios de Williams escritos nos anos 1980. Ele desenvolve suas ideias de um futuro socialista mais detalhadamente em *Towards 2000* (Williams, 1983).

Embora essa concepção seja nova em alguns aspectos, também é, em um sentido real, um retorno a um modo de pensamento anterior ao capitalismo, um sistema de produção que separa a economia – como produção de bens de mercado – da totalidade social e a eleva à posição de valor supremo. E em suas propostas de renovação do projeto socialista, Williams quer tanto revigorar o passado quanto inovar. Com efeito, está convencido de que nunca retornaremos à comunidade pequena e indiferenciada, e sabe que uma futura sociedade socialista deve ser complexa, pluralista e tecnologicamente sofisticada. Mas, para Williams, o que todas essas apropriações da modernidade deveriam possibilitar é uma maior realização dos sonhos e ideais do passado (ibid., p.306).

Em "Rumo a muitos socialismos", como em outros ensaios dos anos 1980, Williams tenta fazer uma aproximação entre um socialismo baseado na análise de classe e os chamados "novos movimentos sociais". Podemos interpretar esse gesto como parte de seu projeto mais amplo – formulado muito tempo atrás – de reconciliar o marxismo e o romantismo. O próprio Williams parece reconhecer essa relação quando, em "Rumo a muitos socialismos", ele aponta para a afinidade entre movimentos como ecologia, feminismo e pacifismo, e a tradição romântica que ele tão bem interpretou.

A tradição romântica e a natureza

Examinaremos agora a trajetória intelectual de William mais especificamente do ponto de vista ecológico – de um lado, suas tentativas de lidar com as atitudes culturais em relação à natureza, e, de outro, as ameaças ao meio ambiente, primeiro em seus estudos culturais e depois em seus ensaios abertamente políticos.

Como a tradição romântica inglesa se relaciona com a natureza? Williams não trata muito dessa questão em *Cultura e sociedade*, mas encontramos alguns comentários interessantes em *O campo e a cidade*. O mais significativo diz respeito a *The Deserted Village* [A aldeia deserta] (1769), "poema desconcertante" de Oliver Goldsmith, que leva a uma avaliação geral da questão:

Aqui, com uma precisão excepcional, é projetado aquilo que posteriormente podemos denominar estrutura romântica de sen-

146 ANTICAPITALISMO ROMÂNTICO E NATUREZA

sibilidade – a afirmação da natureza em oposição à indústria e da poesia em oposição ao comércio; [...] Podemos captar seus ecos com exatidão em Blake, Wordsworth e Shelley. (Williams, 1973, p.79)

Infelizmente, por alguma razão inexplicável, Williams não trata, neste livro seminal de 1973, do confronto da natureza com a indústria nas obras dos três poetas mencionados. Mas a questão é discutida em relação a vários outros autores românticos britânicos dos séculos XIX e XX.

O primeiro analisado, em ordem cronológica, é o poeta John Clare – mencionado em nossa introdução –, cujo poema *Helpstone* (1809), de sua primeira fase, é, segundo Williams, "elegia e retrospecção muito comum na poesia do campo". Representa uma estrutura de sentimento tipicamente romântica – "o que está sendo mais claramente destruído pela riqueza é a 'Natureza': aquele mundo rural tal como era, no passado e na infância". Curiosamente, Williams apresenta aqui uma reflexão muito pessoal sobre sua própria infância e seu próprio sentimento de "perda da 'Natureza'": "Um século e meio depois, reconheço o que Clare descreve: árvores específicas e um determinado riacho onde brinquei na infância desapareceram exatamente desse modo". Embora se distancie da atitude contemplativa e resignada de Clare, Williams é atraído por sua "linguagem sempre verde" e suas "imagens naturais deste paraíso da infância"; "sua força provém de seus sentimentos associativos de calor humano e espírito comunitário, numa época de expropriações, despejos e divisão social" (ibid., p.138-140). Como veremos mais tarde, as memórias de infância e a vida em comunidade galesa são componentes fundamentais da própria "estrutura de sentimento" de Williams.

Outro poeta e romancista mencionado nesse contexto é George Meredith (1828-1909). A sua poesia pastoril mostra um grande interesse pela natureza como lugar de regeneração física e espiritual, mas também de "ritmo sazonal dos processos vitais básicos". No entanto, acrescenta Williams,

em si, nenhum desses sentimentos era novo. O que havia de novo era a fusão dos dois de modo a originar uma estrutura de sentimentos em que a terra e suas criaturas – animais e camponeses quase em pé de igualdade – constituíam uma afirmação de vitalidade e da possibilidade de repouso conscientemente contrastada com a ordem mecânica, as rotinas artificiais, das cidades. (ibid., p.252)

Não estamos convencidos de que essa estrutura romântica de sentimento foi uma "nova" forma cultural criada por Meredith no final do século XIX. Ela teve manifestações muito anteriores, particularmente na Inglaterra. Mas o comentário de Williams documenta seu interesse nesse aspecto "ecológico" da tradição romântica.

Entrando no século XX, Williams observa que a crítica ao sistema industrial (capitalista) como "uma terra inóspita, feia e vazia" pode ser feita a partir de uma perspectiva "primitivista", como em D. H. Lawrence, que admirava os índios do Novo México assim como todas as formas de vida "em contato direto com os processos naturais – animais, aves, flores, árvores, mas também o corpo humano" (ibid., p.266). Um estado de espírito igualmente romântico pode ser encontrado, de acordo com Williams, no romance *Um pouco de ar, por favor* (1939), de George Orwell, que retorna "a uma visão do campo, o velho campo intacto, encarado como lugar de refúgio e repouso, uma inocência que estava sendo agressivamente destruída pela nova civilização, fosse ela capitalista ou socialista" (ibid., p.275).

Curiosamente, embora Williams dedique muitas páginas a Charles Dickens em *O campo e a cidade*, quase não menciona a crítica de Dickens à destruição industrial da natureza. O mesmo pode ser dito de vários outros autores analisados no livro que pertencem, de uma forma ou de outra, à tradição romântica. Por outro lado, há uma discussão sobre a atitude de William Morris em relação à Natureza, pensador que desempenha um papel decisivo – como vimos acima – na narrativa de Williams sobre a transição dessa tradição para o socialismo. Williams já havia citado, em *Cultura e sociedade*, uma passagem marcante de "Art and Socialism" (1884), em que Morris critica o trabalho destrutivo do comércio (capitalista):

menos afortunados que o rei Midas, nossos campos verdejantes e nossas águas claras, nem o próprio ar que respiramos, se transformam em ouro, [...] mas sim em sujeira; e, para ser franco, sabemos muito bem que, sob o evangelho atual do Capital, não há esperança alguma de melhorá-lo, mas sim a perspectiva de que as coisas piorem a cada ano, dia após dia.

No entanto, naquele estágio de sua evolução intelectual, Raymond Williams não entendeu realmente o significado das poderosas admoestações "ecológicas" de Morris, e seu comentário sobre elas surpreendentemente perde o ponto: "Pois, de fato, Morris argumenta, os hábitos comerciais da classe média podem destruir até mesmo aquelas coisas que muitos membros individuais da classe média valorizam"(Williams, 1958, p.156).

Na mesma publicação de 1958, Williams critica fortemente o "elemento regressivo" de Morris, ou seu "medievalismo". Pode-se concordar ou não com essa crítica, mas leva o autor a cometer um erro sério: não listar como importante a obra-prima de Morris, *Notícias de lugar nenhum* (1900), definida, junto com as "canções socialistas românticas" de Morris, como um exemplo de suas "fraquezas incapacitantes". Contradizendo isso um pouco, Williams faz um comentário perspicaz sobre a função dos "elementos regressivos" na utopia de Morris: "embora a referência desses elementos seja ao passado, sua preocupação é com o presente e o futuro" (ibid., p.159).

Williams retorna brevemente ao *Notícias de lugar nenhum* em *O campo e a cidade* com uma abordagem mais aberta, embora ainda crítica: "Temos aqui uma combinação do que é essencialmente restauração, uma volta ao passado utilizando elementos medievais e rurais [...], e uma Londres nova projetada, no sentido contemporâneo de uma comunidade planejada [*garden city*]".[12] Williams não explica o que entende por "comunidade planejada", mas sua avaliação geral do romance utópico é favorável em última análise. Morris foi capaz de explorar a energia da raivosa rejeição da ordem capitalista moderna, e, em seu livro, "a energia negativa encontrou uma causa positiva" (Williams, 1973, p.368). Como vimos antes, Williams rejeita veementemente o que considera pastorais

---

12 A tradução de *O campo e a cidade* por Paulo Henriques Britto, usada aqui como referência, traduz *garden city* por "comunidade planejada". (N. T.)

RAYMOND WILLIAMS: CULTURA ROMÂNTICA E ECOLOGIA... 149

reacionários, hostis à democracia e ao movimento trabalhista. Mas isso não significa que ele seja hostil à estrutura romântica de sentimento em relação à natureza, muito pelo contrário:

A canção da terra, a canção do trabalho rural, a canção do amor por tantas formas de vida com as quais todos nós partilhamos nosso universo físico, é importante demais, comovente demais, para que abramos mão dela sem resistência, numa traição odiosa, e a entreguemos à arrogância dos inimigos de todas as formas significativas e concretas de independência e renovação. (ibid., p.159)

Esta "canção da terra" talvez tenha sido o que inspirou a conclusão de *O campo e a cidade* – várias páginas que constituem um poderoso manifesto anticapitalista, em que a questão dos danos ao meio ambiente é fortemente enfatizada pela primeira vez.

Williams começa seu argumento prestando uma homenagem direta a "alguns escritores rurais" (obviamente pertencentes à tradição romântica):

Um dos méritos de alguns escritores rurais, que muitas vezes não é reconhecido por haver outros elementos presentes, é a ênfase que dão à complexidade do meio ambiente natural. Agora que as ameaças a esse meio ambiente se tornaram mais óbvias, nossas ideias mais uma vez são forçadas a mudar.

O que significa essa mudança? Significa ir além, ou melhor, rejeitar o "excesso patológico de confiança" no industrialismo metropolitano que criou a situação atual, onde "a ameaça à sobrevivência humana está se tornando evidente"; em outras palavras, entender que "será claramente impossível continuar do modo como estamos". Além disso, isso vale não apenas para a cidade e a indústria manufatureira, mas também para o campo, considerando "o grau de destruição do meio ambiente que foi e continua sendo causada pelo modo progressista de agricultura capitalista" (Williams, 1973, p.301).

A partir desse diagnóstico sombrio, Williams chega a uma incisiva conclusão política que é um apelo marcante à ação anticapitalista (revolucionária):

150 ANTICAPITALISMO ROMÂNTICO E NATUREZA

Começamos a ver que os poderes ativos do capital, concentrado nas mãos de uma minoria, sob todas as suas formas possíveis, constituem nossos inimigos mais ativos, e que será necessário não apenas persuadi-los, mas sim derrotá-los e ultrapassá-los. [...] Naturalmente estou convicto de que a resistência ao capitalismo é a forma decisiva de defesa humana necessária. (ibid., p.301-302)

Essa impressionante declaração política, ao final do que ainda é uma obra acadêmica, já anuncia os temas que serão tratados nos ensaios políticos e ecológicos de Williams dos anos 1980.

Contra o "impulso infinito de expansão"

O interesse de Williams pela tradição cultural romântica é provavelmente uma das razões que o transformou no primeiro socialista britânico a se envolver, de uma perspectiva política, com questões ecológicas. Em *Towards 2000* [Rumo a 2000] (1983), em um capítulo curiosamente chamado de "East-West, North-South" [Leste-oeste, norte-sul], ele apresenta um de seus principais argumentos. O capitalismo segue os imperativos do mercado, ou seja, "o impulso infinito de expansão e acumulação", e as economias que afirmam ter superado os imperativos do mercado – aquelas do "socialismo realmente existente" – fazem a mesma coisa ao reproduzir fielmente "o impulso de eterna expansão da produção". O problema é que uma expansão infinita é impossível em um mundo fisicamente finito.

Williams chama isso de "o argumento ecológico", enfatizando que não se deve reduzi-lo a uma reunião coleção de questões específicas: "a perigosa escala crescente da poluição industrial e química, a destruição de alguns habitats e espécies naturais". Antes, o que precisa ser contestado é o atual processo de produção e sua cosmovisão correspondente:

O que está realmente em questão é uma versão da terra e suas formas de vida como riqueza extraível e consumível. O que se vê não são as fontes e os recursos de muitas formas de vida, mas tudo, inclusive as pessoas, como matéria-prima disponível a ser apropriada e transformada. (Williams, 1983, p.215)

Williams está convencido de que não se pode continuar tratando dessa forma "o complexo mundo físico e seus intrincados processos biológicos em interação" sem provocar "danos graves e imprevisíveis". É preciso levar a sério, mesmo que não aceitemos necessariamente todas as avaliações particulares, "os alertas a respeito de determinados tipos de danos absolutos", entre os quais ele menciona danos "à atmosfera, ao sistema climático", a extrema escassez de recursos básicos, "níveis absolutamente inaceitáveis de poluição e danos ambientais" e fome generalizada. A ambição de crescimento ilimitado, da "eterna expansão da produção", é um beco sem saída. Olhando para o ano 2000, Williams afirma que é impossível que a vasta população humana do século XXI possa ser sustentada

> considerando os níveis atuais do desperdício de alimentos e energia, da proliferação de *commodities* de curta duração e descartáveis, e da alta produção de alimentos com insumos artificiais, hoje registrada e até com uma ascensão planejada nas economias de mercado mais agressivas. (ibid., p.215-216)

Williams não leva o argumento adiante, mas suas observações perspicazes já levantam a maioria das questões urgentes no debate ecológico do século XXI, inclusive a da mudança climática. Sua conclusão não é particularmente otimista, mas sim um lembrete sóbrio das dificuldades no caminho para a necessária transformação socioecológica radical e os perigos envolvidos na busca do atual curso de desenvolvimento:

> As mudanças envolvidas são tão substanciais, e a resistência dos interesses existentes é tão certa e forte, que ninguém pode supor que essa luta não será muito longa e complexa. É preciso então reiterar as questões em seus termos mais difíceis. Já é nítida a possibilidade de que o marketing mais agressivo e as sociedades militaristas destruirão o mundo simplesmente se mantiverem suas próprias políticas atuais. (ibid., p.217)

Trinta e quatro anos depois, ainda estamos no meio dessa "luta muito longa e complexa", e a ameaça de uma catástrofe mundial ainda nos aflige. Raymond Williams foi um dos poucos, na Inglaterra e alhures, que alertou sobre esses desenvolvimentos nos anos 1980.

Qual é a saída? Em *Towards 2000*, Williams esboça apenas as primeiras sugestões na busca de uma alternativa, uma forma diferente de pensar que pudesse romper radicalmente com a "forma básica de se direcionar ao mundo como matéria-prima disponível", uma atitude presente tanto na economia capitalista "em seus impulsos implacáveis de lucro e acumulação" quanto nas chamadas economias "comunistas" ou "socialistas realmente existentes" (ibid., p.261).[13] Williams reafirma a necessidade de combinar, ou melhor, de unir os argumentos ecológicos aos políticos e econômicos, da maneira como são desenvolvidos pelos movimentos pela democracia e pelo socialismo. Fazer isso, reconhece ele, não é uma tarefa fácil. Requer "um novo tipo de política" e uma profunda mudança de mentalidade, não apenas racional, mas também "emocional". Somente uma mudança assim poderia gerar "o ímpeto e os meios práticos de uma ordem social alternativa". Williams acredita que o elemento central dessa ordem seria "passar da 'produção' para a 'subsistência', de uma generalidade alienada para modos de vida práticos e eficazes" (ibid., p.263, 266, 267). Ele desenvolveu uma versão mais específica e concreta dessa nova política em seu último grande livro, *Recursos da esperança* (1989), ao qual nos voltaremos agora.

Por uma ecologia socialista

Em 1973, foi fundado na Inglaterra um pequeno grupo de ecologistas de esquerda, a Associação Socialista de Recursos e Meio Ambiente (Sera). Embora fosse uma associação ambiental independente, era filiada ao Partido Trabalhista do Reino Unido. Quando a Sera convidou Williams para se tornar seu vice-presidente, ele aceitou de bom grado. No final do segundo semestre de

---

13 Williams (1973, p.264) argumenta que o próprio Marx "compartilhou com seus inimigos capitalistas um evidente triunfalismo na transformação da natureza, pela forma básica de se direcionar a ela como matéria-prima". Esta é uma avaliação unilateral demais, que não leva em consideração a complexidade da relação de Marx com a natureza. Para a ênfase oposta, ver John Bellamy Foster (2001).

1981, ele ministrou uma palestra para o grupo sobre "Ecologia e socialismo", que logo depois foi publicada como um livreto e postumamente reimpressa em *Recursos da esperança* (Inglis, 1995, p.273). Este artigo pioneiro foi um dos primeiros na Europa a associar os dois termos partindo de uma perspectiva marxiana (heterodoxa).

Williams começa dizendo que, "em anos recentes, alguns de nós vínhamos falando de socialismo ecológico" – uma declaração que provavelmente se refere a seus amigos da Sera. Depois de prestar a devida homenagem ao biólogo alemão Haeckel, que inventou o conceito de ecologia nos anos 1860, ele discute as primeiras reações às terríveis consequências da Revolução Industrial para o meio ambiente. O primeiro exemplo que ele menciona é uma declaração surpreendente, dada sua fonte, feita por James Nasmyth, o inventor do martelo a vapor, por volta de 1830: "A relva estava ressecada e morta pelos vapores de ácido sulfuroso, despejados pelas chaminés; e todos os objetos herbáceos eram de um cinze espectral – o emblema da morte vegetal em seu aspecto mais triste. Vulcano havia expulsado Ceres" (Williams, 1989, p.212).

O socialista alemão Hans-Magnus Enzerberger escreveu, em um artigo publicado pela *New Left Review* em 1974, que ideias pessimistas sobre os danos ambientais causados pela industrialização só apareceram quando os efeitos atingiram os bairros onde vivia a burguesia. Williams discordava fortemente:

Ora, é simplesmente falso. Desde Blake e Southey e Cobbett, nas primeiras décadas da industrialização, até Carlyle, Ruskin, Dickens e William Morris, houve observações e discussões constantes exatamente desse jaez. Analisei muitas delas em *Cultura e sociedade*. Continua a ser curioso que todo esse conjunto de observação e de argumentação social, que despontou muito cedo na Grã-Bretanha, pela óbvia razão de que ali se localizava a industrialização mais espetacular, quase sempre seja absolutamente desconhecido dos socialistas cultos do continente, que então podem desenvolver uma história das ideias totalmente equivocada. (ibid., p.212)[14]

---

14 Alguns anos depois, no artigo "Towards many socialisms" [Rumo a muitos socialismos] (1985), Williams enfatiza novamente a ligação entre o que ele chama de "anticapitalismo" (nenhum autor é mencionado) – uma crítica

154 ANTICAPITALISMO ROMÂNTICO E NATUREZA

Como vimos anteriormente, as questões ambientais são pouco desenvolvidas em *Cultura e sociedade*. Teria sido mais coerente mencionar *O campo e a cidade*. O ponto principal é que, olhando para o passado, e assumindo seu ponto de vista ecológico-socialista presente, Williams percebe claramente "todo esse conjunto de observação e argumentação social" – os críticos românticos britânicos da civilização capitalista, de Blake a William Morris – como os precursores da nova perspectiva. Uma seção inteira da palestra é dedicada a Morris, a quem ele elogia como o primeiro a começar a "unificar essas diversas tradições do pensamento social britânico" – a romântica e a socialista. A grande contribuição de Morris é sua crítica ao produtivismo e ao consumismo:

> Sua crítica da ideia abstrata de produção foi uma das intervenções mais decisivas na argumentação socialista. Em vez da simples quantidade capitalista de produção, começou a questionar os tipos de produção. Nisso, na realidade, seguia Ruskin, que discutiu muito a mesma questão – que insistiu que a produção humana, a menos que governada por padrões humanos gerais, e não por mero lucro ou conveniência, conduziria a males tão rapidamente quanto a "bens". [...] (Morris) considera necessidade humana como algo mais do que consumo, essa ideia popular inacreditável da nossa época, a qual, em consequência da dominação capitalista do marketing e da publicidade, tenta reduzir toda a necessidade e desejo humanos a consumo. (ibid., p.216)

Williams, então, opõe as percepções afiadas de Morris ao que ele chama de "pensamento socialista fraco": uma forma de pensamento socialista em que, tanto quanto no "pensamento capitalista contumaz", "a produção torna-se inconscientemente um fim em si mesma". Essa crítica ao socialismo produtivista – que provavelmente se refere à corrente dominante no Partido Trabalhista – é um aspecto importante do argumento de Williams. Ele explica isso pela "influência capitalista":

---

da ordem social industrial burguesa rejeitada pelo "socialismo unilinear" como "uma fase imatura ou romântica" – e o movimento ecológico contemporâneo (ibid., p.452).

Sob a influência capitalista e imperialista, e especialmente desde 1945 sob a influência norte-americana, a posição majoritária dos socialistas foi que a solução à pobreza, a solução única e suficiente, é o aumento da produção. E isso apesar do fato de que um século e meio de produção aumentada de forma espetacular, ainda que tenha transformado – e em geral melhorado – a nossa condição, não aboliu a pobreza e até mesmo gerou novas formas de pobreza, tal como alguns tipos de desenvolvimento criaram o subdesenvolvimento em outras sociedades. (ibid., p.215)

Williams reconhece, entretanto, que essa forma de pensar existia bem antes da "influência norte-americana" e tem suas raízes "já na *Nova Atlântida* de Bacon", em que o objetivo era a "conquista da natureza". Infelizmente, essa ideia de "conquista" ou "dominação" da natureza aparece "não apenas no pensamento burguês dominante, mas também em todos os textos socialistas e marxistas da segunda metade do século XIX". Entre as exceções está Friedrich Engels, que, em uma passagem da *Dialética da Natureza*, afirma que "nós mesmos somos parte da natureza", e por isso "não podemos simplesmente chegar e partir como conquistadores". E ainda hoje lemos essas afirmações triunfantes sobre a conquista da natureza e a expansão da produção em nome do socialismo (ibid., p.214).

Trata-se de um argumento poderoso, mas um tanto limitado pela ênfase nas "formas de pensamento", com pouca discussão sobre suas consequências práticas na vida econômica concreta. Essa limitação leva a outro silêncio surpreendente em relação à estratégia produtivista triunfante e imprudente, em nome do "comunismo", da União Soviética. Williams foi um crítico franco do stalinismo e, como vimos anteriormente em *Towards 2000*, também da relação soviética com a natureza como "matéria-prima". Mas, na palestra de 1981, Williams não trata em lugar nenhum das consequências para o meio ambiente do "socialismo realmente existente".

A crítica de Williams não se dirige apenas ao "pensamento socialista fraco", mas também ao "pensamento ecológico fraco", ou o que ele chama de "ecologia não política". Não está claro se ele se refere aqui a movimentos ecológicos apolíticos em geral ou mais especificamente ao Partido Ecológico Britânico (fundado

156 ANTICAPITALISMO ROMÂNTICO E NATUREZA

em 1975). Em qualquer caso, ele critica a rejeição deles à divisão direita-esquerda e, acima de tudo, suas ilusões a respeito dos "líderes do mundo". Ele não faz objeções às propostas concretas dos ecologistas – reduzir o consumo de energia, proibir certos processos de fabricação danosos etc. O problema é que a abordagem ecológica apolítica convoca os "líderes do mundo" a implementar essas medidas. Em outras palavras, ela "recorre a eles para que atuem contra os interesses precisos, as relações sociais precisas que geraram sua liderança". Essa posição política, acredita Williams, "pode ser mais nefasta do que meramente equivocada, porque cria e apoia a noção de que os líderes podem resolver esses problemas". Nada poderia estar mais longe da verdade: "Cada vez mais [...] a classe dominante realmente ativa rejeita toda a discussão [da ecologia] como um contrassenso sentimental, que unicamente limita ou atrasa a produção e o poder nacionais" (ibid., p.219).

Além do "pensamento socialista fraco" e do "pensamento ecológico fraco", Williams clama por um "socialismo ecologicamente consciente", capaz de entender os limites do planeta e a impossibilidade do crescimento produtivo ilimitado. Isso, segundo ele, não é uma questão de escolha. Não podemos continuar com os "padrões e condições de produção, e toda a pilhagem de recursos da terra e todo o prejuízo à vida e à saúde" (ibid., p.221-225).

Caminhando de costas para o futuro

Por fim, vamos abordar outro comentário crítico feito na palestra de Williams de 1981. Diz respeito ao que ele considera ser uma fraqueza da tradição romântica – incluindo a obra de William Morris –, bem como do atual movimento ecológico: "tendência inata em contrapor a ordem industrial prejudicial à ordem não prejudicial natural, pré-industrial". Argumentando contra essa perspectiva, Williams afirma que desastres como a destruição de florestas já ocorriam bem antes do industrialismo e que tal devastação "provavelmente retrocede aos tempos neolíticos" (ibid., p.212). Essa afirmação parece de fato estranha, mesmo sendo feita em 1981, quando a consciência da extensão dos danos causados pelo capitalismo industrial moderno era mais sutil do que é hoje. Como comparar os tempos neolíticos com a modernidade

RAYMOND WILLIAMS: CULTURA ROMÂNTICA E ECOLOGIA... 157

capitalista contemporânea em termos de consequências para o meio ambiente? Vale acrescentar que, em contraposição a essa perspectiva, o primeiro volume do romance *O povo das Montanhas Negras*, de Williams, publicado postumamente em 1989, contém vários capítulos que descrevem o modo de vida dessa região galesa na era neolítica. Longe de serem "destrutivas", essas comunidades de caçadores e pastores são vistas como quem vive pacificamente em harmonia com seu meio ambiente natural.

Mais adiante na palestra, e na mesma perspectiva, Williams dirige uma crítica contundente a William Morris, alegando que este foi vítima da ilusão de que

> antes da produção das fábricas, antes da produção industrial e mecânica, existia uma ordem natural, pura e simples. Para Morris, como para muitos outros radicais e socialistas do século XIX, situava-se na Idade Média. Portanto, fincou-se profundamente em seu pensamento uma noção de que o futuro, o futuro socialista, era uma espécie de reconstituição do mundo medieval, embora isso sempre o intrigasse.

Para Williams, isso é uma ilusão que sobreviveu muito depois de Morris: "Não preciso lhes contar quão forte ainda é esse tipo de pensamento no movimento ecológico" (ibid., p.216-217).

Reduzir a imagem utópica de Morris do futuro socialista a uma "reconstituição do mundo medieval" é pintar um quadro bastante impreciso da dialética sutil entre passado e futuro em *Notícias de lugar nenhum*. Um retorno aos tempos medievais significaria a restauração do poder absoluto do Rei e da Igreja, bem como das relações sociais feudais, da servidão camponesa e da intolerância religiosa – tudo que obviamente não existe na utopia anarcocomunista de Morris. Como em *Cultura e sociedade*, apesar de sua admiração por Morris, Williams parece aqui incapaz de compreender a grandeza de seu texto mais importante.

Esse tipo de argumento pode dar a impressão de que Williams se distanciava da tradição romântica no início dos anos 1980 quando a palestra foi ministrada. No entanto, como mencionamos anteriormente, ele reafirma essa tradição em outro lugar de um modo mais pessoal. Em um artigo intitulado "Between country and city" [Entre o campo e a cidade] (1984), enumera,

158 ANTICAPITALISMO ROMÂNTICO E NATUREZA

com evidente simpatia, "a ocupação de meus vizinhos num raio de cinco milhas [oito quilômetros] em torno de minha casa nas Montanhas Negras":

tecelões e costureiros; fabricante de armários; marceneiro especializado em móveis de pinho; livreiro; ilustrador de livro; restaurador de relógios antigos; negociante de antiguidades; pintor e proprietário de galeria de arte; escritores; escultores; restauradores; vidracistas.

Uma lista interessante, que tem uma semelhança impressionante com as artes apreciadas por William Morris e mencionadas em *Notícias de lugar nenhum*. Williams então acrescenta um comentário significativo: "A maioria deles são imigrantes relativamente recentes, mas consideremos o quanto restauram, tomados em conjunto, a legítima tessitura da sociedade rural". A palavra-chave aqui é *restauram* – um conceito típico do romantismo (ibid., p.341-342).

Algumas linhas adiante, Williams celebra a maneira como as pessoas que vivem agora nas Montanhas Negras praticam a "recuperação, a exploração a divulgação de certos conhecimentos naturais [...] que são em parte obtidos junto à população rural que sobrevive no período de dominação urbana e industrial". Elas estão "interagindo com a melhor economia rural sobrevivente: os alimentos integrais, o mel, as ervas usadas na culinária, os combustíveis, as geleias e licores". Tudo isso pode ser descrito como "uma recuperação prática saudável da experiência e dos recursos da terra". Nesta passagem, o termo romântico chave é *recuperação* (ibid., p.214). O que está em questão não é a "regressão", mas a restauração e a recuperação de tradições passadas de artes e ofícios e da relação com a natureza. Assim, ao escrever sobre as Montanhas Negras, Williams está o mais próximo de Morris. A questão é novamente trazida à tona em um ensaio de 1985 com o sugestivo título de "Walking backwards into the future" [Caminhando de costas para o futuro]. Esta proposição romântica não é de fato discutida no artigo, mas, no primeiro parágrafo, encontramos uma declaração reveladora:

Muitos querem mudar nossas condições sociais e econômicas, mas é evidente que muitas palavras utilizadas para definir nossas

RAYMOND WILLIAMS: CULTURA ROMÂNTICA E ECOLOGIA... 159

intenções fazem referência ao passado: recuperação, reabilitação, reconstrução. Na realidade, ideias de um passado melhor e de um futuro melhor se acossaram reciprocamente em meio a todo o pensamento político moderno. Muitos antigos radicais acreditavam que houve um tempo melhor e mais feliz, imediatamente anterior às desastrosas mudanças recentes, e era precisamente o que deveriam recuperar ou restaurar. (ibid, p.281)

Nesse caso, Williams não rejeita essa forma de pensar e, como vimos, ele próprio usa essas mesmas palavras ao falar das Montanhas Negras.

Qual é então a solução alternativa? Parar de considerar "a terra e suas formas de vida como matéria-prima". Contra o capitalismo, industrial e rural, e ao contrário do socialismo produtivista, "o movimento social e político mais promissor de nossa época" é o "socialismo verde" que surge agora, capaz de unir ecologia e economia em "novas políticas de sustento equitativo" (ibid., p.237). Embora nova e moderna, esta árvore *ecossocialista* claramente também tem raízes profundas na crítica romântica da civilização capitalista e industrial.

CAPÍTULO 6

NAOMI KLEIN, GUERREIRA CLIMÁTICA DO SÉCULO XXI

O primeiro capítulo deste livro tratou de uma figura exemplar do século XVIII: William Bartram, cujo romantismo expressava uma consciência ecológica bastante incomum para aquele período inicial do desenvolvimento da modernidade capitalista e também o definia como precursor presciente. Neste último capítulo, falaremos de uma escritora e ativista ainda em atividade e que demonstra vigorosamente a presença contínua – e o poder – da conjunção do romantismo e da ecologia em nosso mundo contemporâneo. Naomi Klein se diferencia em vários aspectos dos escritores que abordamos nos capítulos anteriores. Em primeiro lugar, obviamente, ela é mulher, enquanto nossas personalidades anteriores são homens, fato que reflete a direção nitidamente crescente desde o final do século XX para que as mulheres entrem e se destaquem em áreas antes dominadas pelos homens. Mas também vale ressaltar que, como jornalista, Naomi Klein chega ao romantismo por um caminho um pouco diferente dos demais, que é menos literário e ligado menos diretamente ao romantismo como tradição cultural. Apesar desta última diferença, no entanto, ela faz parte da mesma vertente que temos explorado, que une uma sensibilidade anticapitalista romântica a uma preocupação primordial com o destino do mundo natural.

A carreira jornalística de Klein começou no início dos anos 1990, mas sua principal contribuição foi a publicação de uma série de livros importantes que começou com *Sem logo*, lançado em 1999.[1] A obra analisa o fenômeno do capitalismo corporativo globalizado e os movimentos de resistência, e vários anos depois ganhou uma sequência, na qual ela reuniu diversos de seus artigos de jornal e palestras tratando de temas relacionados: *Cercas e janelas* (2002)[2]. Mas seu próximo trabalho de peso, que introduziu uma estrutura analítica totalmente nova para a compreensão do capitalismo contemporâneo, foi *A doutrina do choque* (2007).[3] Depois de um hiato considerável, apareceu *This Changes Everything: Capitalism vs the Climate* [Isso muda tudo: capitalismo vs clima] (2014), que constituiu um novo ponto de partida, agora centrado na dimensão ambiental do mundo contemporâneo "globalizado". Mais recentemente, Klein publicou *Não basta dizer não: resistir à nova política de choque* (2017)[4]. Escrito como uma resposta urgente à vitória de Donald Trump e seus desdobramentos internacionais, o livro integra todas as preocupações e conceitos analíticos dos livros anteriores.

Embora os escritos de Klein, de *Sem logo* a *Não basta dizer não*, mantenham um forte fio condutor no que se refere à sua visão geral e sensibilidade, eles também passam por uma clara evolução em vários aspectos. Em primeiro lugar, a posição sócio-política de Klein torna-se marcadamente mais radical em seus livros posteriores, embora não de forma sectária. Desde o início, Klein desenvolveu uma crítica contínua e severa às formas mais recentes assumidas pelo sistema capitalista, explicitamente identificado como tal. Mas tanto em *Sem logo* quanto em *A doutrina do choque*, ela não chega a clamar por uma transformação social

---

1 Ed. bras.: Naomi Klein, *Sem logo*. Trad. Ryta Vinagre. Rio de Janeiro: Record, 2004. (N. T.)

2 Ed. bras.: Naomi Klein, *Cercas e janelas*. Rio de Janeiro: Record, 2003. (N. E.)

3 Ed. bras.: Naomi Klein, *A doutrina do choque*: a ascensão do capitalismo do desastre. Trad. Vania Cury. Rio de Janeiro: Nova Fronteira, 2008. (N. E.)

4 Ed. bras.: Naomi Klein, *Não basta dizer não*: resistir à nova política de choque. Trad. Marina Vargas. Rio de Janeiro: Bertrand, 2017. (N. T.)

revolucionária ou de longo alcance, e, na introdução ao segundo, ela parece se identificar com a perspectiva keynesiana.[5] Nos dois últimos livros, por outro lado, Klein aspira a uma mudança mais radical. O principal aspecto do argumento de *Não basta dizer não* é, como o título sugere, que a oposição às coisas como são não será suficiente e que é necessário articular uma visão de uma sociedade alternativa; para isso, afirma Klein, devemos nos engajar no pensamento utópico, ousar sonhar e dar um "salto".[6]

O outro desenvolvimento importante no trabalho de Klein é uma mudança de enfoque da crise ecológica e, em conjunto, da preocupação com os povos indígenas. O momento em que ela volta sua atenção principalmente para a ecologia, e mais especificamente para a mudança climática, pode ser localizado em torno de 2009, quando se somou ao conselho diretor do grupo de combate às mudanças climáticas 350.org. Isso culminou com *This Changes Everything* [Isso muda tudo] em 2014. Argumentamos que essa mudança de enfoque para a preocupação com a ecologia e com o destino dos povos indígenas fez com que as ideias de Klein se fundissem completamente a uma forma de anticapitalismo romântico, e é sob essa luz que discutiremos *This Changes Everything*. Mas há elementos significativos da visão romântica já presentes nos escritos anteriores, então vamos examiná-los brevemente antes de passarmos para *This Changes Everything*.

Sem logo e *A doutrina do choque*: o "branding" do presente e o "esvaziamento" do passado

Em *Sem logo*, Klein discute, com riqueza de detalhes, o conjunto de desdobramentos ocorridos a partir de meados da década de 1980 nos países capitalistas avançados, particularmente nos Estados Unidos, que equivale a uma mudança de paradigma. A principal mudança acontece quando um regime em que as

---

5 Ver Naomi Klein (2008 [2007], p.20).
6 Ver Naomi Klein (2017, parte IV: "How things could get better" [Como as coisas podem melhorar]).

empresas ainda fabricam os próprios produtos passa para um regime em que, em muitos casos, a produção efetiva é terceirizada e a principal atividade da empresa se torna o *branding*. Nessa situação, a publicidade passa a um novo patamar e se torna a principal atividade e fonte de rentabilidade da empresa. Em sua análise, Klein mostra como o *branding*, assim como o capitalismo em geral, tem uma dinâmica infinitamente expansiva, e como sua característica específica é gerar uma associação espúria da marca com certos "valores" não quantitativos, fabricando identificações ilusórias do produto comercializado com a ética, a espiritualidade, a magia e coisas semelhantes. Em uma passagem marcante, ela chama as marcas de "máquinas de significado transcendente" (Klein, 2010 [1999], p.68). Embora Klein não tematize explicitamente a conexão, esses tipos de valores não quantitativos são aqueles que desempenharam papéis importantes nas sociedades pré-capitalistas e foram amplamente substituídos pelo domínio do valor quantitativo no sistema capitalista. Consequentemente, a marca pode ser vista como uma pseudorresposta, uma resposta totalmente inautêntica, a partir de uma estrutura totalmente comercial, ao anseio por valores encarnados de alguma forma nas sociedades do passado – um anseio no cerne do romantismo (ibid., p.154-156).

O segundo grande livro de Klein, *A doutrina do choque*, conceitua e explora em profundidade outro aspecto crucial da sociedade contemporânea: a imposição, muitas vezes pela força, dessa forma extrema de capitalismo "fundamentalista" e desregulamentado, totalmente privatizado, que geralmente é conhecido como neoliberalismo. Conforme proposto pelo teórico da "Escola de Chicago" Milton Friedman, é difícil implementar essa doutrina sem a ajuda de algum tipo de choque – natural ou causado pelo homem – que desorienta e enfraquece as forças sociais que poderiam se opor a ela. Klein documenta como, no passado recente, essa versão purista do capitalismo desenfreado, que elimina todas as outras considerações além do livre jogo das forças de mercado, se aproveitou de momentos de trauma coletivo, como um golpe político, uma guerra, um tsunami ou uma quebra da bolsa, para impor sua agenda. Nesse processo, como ela o descreve, há um esforço concentrado e agressivo de passar uma borracha em tudo, de apagar ou "esvaziar" tudo o que veio antes – isto é, o passado.[7] Dessa forma, todas as culturas, práticas e instituições tradicionais são negadas e abolidas, e novas estruturas de mercado puras são colocadas em seu lugar. Em sua análise da "doutrina do choque", portanto, Klein destaca a ruptura radical com o passado e a oposição a ele efetuadas pelo capitalismo, embora nesses desenvolvimentos recentes o que esteja envolvido, é claro, geralmente sejam apenas vestígios, ou redutos, de modos de vida pré-modernos.

Na conclusão de *Sem logo* e *A doutrina do choque*, também nos textos jornalísticos reunidos em *Cercas e janelas*, Klein fala e reflete sobre os movimentos de diversos tipos de resistência ao capitalismo contemporâneo que cresceram, se expandiram e se diversificaram desde o final dos anos 1990. Em seus comentários, encontramos elementos já presentes da perspectiva ecológica romântica que se agruparão de forma mais coerente e plenamente desenvolvida depois que ela muda de orientação por volta de 2009, o que sistematizou em *This Changes Everything*. Klein identifica como aspecto-chave dos protestos contra as grandes marcas o esforço para "desfetichizar as mercadorias" e pede que o movimento vá ainda mais longe e reconheça "a necessidade de experiências não mercantilizadas e redesperte nosso desejo por espaços verdadeiramente públicos" (Klein, 2005 [2002], p.30, p.33). Ao discutir uma série de ações diferentes, ela usa o termo "bens comuns" para descrever esses espaços, e embora ela não se refira explicitamente ao cercamento histórico dos bens comuns que foi parte da ascensão do capitalismo, muitas vezes isso parece claramente implícito. Sua discussão sobre o movimento "Reclaim the Streets" [Reivindique as ruas], por exemplo, enfatiza que ele visa "retomar" algo – um espaço público – que antes era ocupado e usufruído coletivamente. Embora "Reclaim the Streets" seja um movimento urbano, Klein o relaciona a movimentos ecológicos que aplicaram a mesma noção de bens comuns aos espaços selvagens (Klein, 2010 [1999], cap. 13, esp. p.313, 323).

Nos escritos que precedem *This Changes Everything*, os danos ao meio ambiente natural não são discutidos particularmente em

---

7 A introdução de *A doutrina do choque* é intitulada "O vazio é belo: três décadas apagando e refazendo o mundo".

166 ANTICAPITALISMO ROMÂNTICO E NATUREZA

primeiro plano e permanecem sendo apenas uma entre muitas outras consequências negativas do desenvolvimento capitalista globalizado. Mas, ocasionalmente, os comentários de Klein mostram que ela já começava a se dar conta da importância da questão. Em um artigo sobre o Nafta (Tratado de Livre-Comércio do Atlântico Norte) em 2001, por exemplo, Klein questiona a doxa prevalecente do crescimento a todo custo, perguntando de crescimento prevalecente a todo custo e pergunta: "Por que não podemos medir os déficits ecológicos do mesmo modo que medimos o econômico?" (Klein, 2005 [2002], p.67). Em alguns casos, ela também menciona grupos indígenas em relação ao problema da destruição ecológica realizada por empresas que exploram os recursos naturais. Na última seção de *Sem logo*, que trata de iniciativas de resistência, descreve a campanha realizada, com um grupo de apoio, pelos indígenas *lubicon crees* do norte de Alberta, no Canadá, contra as operações de extração de madeira e mineração que "causaram danos maciços ao ecossistema e ao modo de vida dos lubicos" (Klein, 2010 [1999], p.425).

Uma das epígrafes do capítulo final de *A doutrina do choque* é uma citação do discurso de posse do presidente boliviano Evo Morales para seus "irmãos indígenas", mostrando que Klein também estava interessada desde o início em lutas indígenas pan-americanas mais amplas (Klein, 2008 [2007], p.443). Há um artigo sobre Chiapas e o movimento zapatista que deixa ainda mais claro esse interesse de Klein, e que tem conotações românticas inconfundíveis, publicado pela primeira vez no *The Guardian* em 2001. Nele, ela fala de como o líder do movimento, subcomandante Marcos, "tenta conscientemente apelar a algo que existe fora do intelecto, [...] algo que ele encontrou em si mesmo nas montanhas de Chiapas: o assombro, uma suspensão da descrença, somados ao mito e à mágica". Ele, como intelectual urbano, havia descoberto essas coisas em uma "cultura antiga" que não era de forma alguma comercializada, mas sim "um folclore genuíno e anacrônico" (Klein, 2005 [2002], p.222, 223).[8] Portanto, fica claro nessa passagem que, já na virada do século XXI, Klein começava

---

8 Klein também contribuiu com um texto para a seleta de diversos autores *Ya Basta! Ten Years of the Zapatista Uprising* (2004).

a desenvolver alguns interesses e ideias que só mais tarde se tornariam o centro de suas atenções. Em *This Changes Everything*, para o qual nos voltamos agora, fragmentos de uma visão ecológica romântica, isolados e muitas vezes tácitos, se incorporam a um todo mais centrado e integrado.

Isso muda tudo: Naomi Klein como guerreira do clima

Em nossa opinião, *This Changes Everything* é uma obra superlativa, cuja importância supera muito a da maioria dos escritos sobre a questão das mudanças climáticas. Rejeitando a política ilusória de melhorias "polidas e graduais", o livro é um apelo apaixonado para organizar mudanças radicais e lutar por elas – contra a ordem estabelecida, por justiça climática e, ao mesmo tempo, por uma nova civilização. Nesse trabalho, ao que parece, a luta para deter o aquecimento global encontrou uma bússola exemplar.

Primeiro vamos falar sobre como essa obra notável pertence ao universo cultural do anticapitalismo romântico. Ao contrário dos outros autores discutidos em nosso estudo, Klein tem pouca conexão com a tradição romântica clássica. Decerto existem algumas referências aos grandes autores românticos do passado. Por exemplo, ela cita a famosa passagem de William Blake sobre os "moinhos satânicos", acrescentando que eles "escureceram os céus da Inglaterra" e, por isso, foram responsáveis pelo "início da mudança climática" (Klein, 2014, p.157). Ela também se refere a um sábio comentário feito por Victor Hugo em 1840: "É triste pensar que a natureza fala e a humanidade não escuta" (ibid., p.29). Também há algumas menções de representantes norte-americanos da tradição romântica, como Henry David Thoreau e John Muir (um dos fundadores do Sierra Club em 1892), que se inspiravam com frequência em crenças orientais e "cosmologias dos nativos norte-americanos que encaram todas as criaturas vivas como nossas 'relações'". Klein aponta que Muir chegou a condenar "os devotos do comercialismo delirante" e sua idolatria ao "Todo-Poderoso Dólar" como uma ameaça à natureza (ibid., p.183-184). Mas essas referências são apenas marginais. E, na verdade, ao contrário de tantos poetas e artistas do século XIX, Klein não vê a Natureza pelos olhos da espiritualidade religiosa ou de uma sensibilidade estética. Pode-se perguntar se o romantismo do século XXI não teria a mesma relação direta com os primeiros românticos como ainda tinha no século XX. A questão permanece aberta, mas pelo menos parece ser esse o caso de Klein.

Também é preciso mencionar que, diferentemente dos autores discutidos anteriormente, cujas obras datam a partir da segunda metade do século XIX· – William Morris, Walter Benjamin e Raymond Williams –, o trabalho de Klein tem pouca conexão com Marx e com a tradição marxiana. Não há hostilidade para com Marx em seu livro, e há até mesmo uma citação positiva de um trecho de *O capital* em que Marx se refere à "ruptura irreparável" do capitalismo com "as leis naturais da vida em si" (ibid., p.177). No entanto, a maneira de Klein apresentar as forças responsáveis pela desastrosa mudança climática está longe da abordagem marxiana do capitalismo como modo de produção. Muitas vezes, ela parece acreditar na responsabilidade da ideologia – o fundamentalismo de mercado, a ortodoxia do livre-comércio, a mentalidade extrativista (ibid., p.19, 25, 63, 86, 443, 459-460) – e da luta pela mudança como uma "batalha de cosmovisões".

É claro que a ideologia é importante, e a crítica de Klein ao amplo contexto cultural moderno – definido como "cultura ocidental pós-iluminista" –, cujas origens ela situa na concepção de Francis Bacon de "caça" à natureza, é bastante relevante. Mas colocar a ênfase principal nas ideias é correr o risco de levar a uma visão puramente "idealista" do processo, em vez de uma visão "materialista" sistêmica. Felizmente, ela se refere ao sistema, muito embora, vale repetir, não exatamente em termos marxianos. Por exemplo, fala com frequência da estrutura econômica que leva à destruição ambiental como um "capitalismo desregulado" (ibid., p.20, 24, 63). Um "capitalismo regulado" seria suficiente para remediar a situação? Ela nunca diz isso, mas algumas de suas propostas – como a de um "Plano Marshall para o clima" – poderiam ser assim interpretadas (ibid., p.458). Em algumas passagens, Klein se refere às "regras do capitalismo do modo como são construídas atualmente" (ibid., p.88) – o que parece mais uma vez deixar aberta a possibilidade de um conjunto diferente de regras capitalistas, talvez ao longo de linhas neokeynesianas.

No entanto, não faltam declarações contundentes e explícitas que parecem visar ao capitalismo como um todo em *This Changes Everything*. Notavelmente, ecoando o subtítulo do livro, ela define o conflito decisivo de nossos tempos como uma "batalha entre o capitalismo e o planeta" – batalha essa, acrescenta ela, que já está em andamento, embora "agora o capitalismo esteja vencendo sem o menor esforço" (ibid., p.22). Além disso, existe a ideia reiterada de que a ameaça de uma catástrofe ambiental irreversível representa uma oportunidade única de romper com o *status quo* e permitir uma abertura para uma transformação social ampla. Assim, embora permaneça alguma ambiguidade a respeito da extensão da mudança que ela prevê e preconiza, no geral o livro parece representar uma perspectiva significativamente mais radical do que suas perspectivas anteriores.

Tradições ancestrais e lutas indígenas

Se o romantismo é um protesto cultural contra a moderna civilização capitalista em nome de valores do passado, a dimensão romântica do livro de Klein claramente tem a ver com sua visão das lutas indígenas ao redor do planeta, em defesa da vida em si. Ela pertence, sem necessariamente estar ciente disso, a uma longa tradição de admiradores românticos e revolucionários – democráticos, socialistas ou anarquistas – de comunidades "primitivas", "selvagens" ou indígenas, de Jean-Jacques Rousseau a William Bartram, Lewis Morgan, Friedrich Engels, Elisée Reclus e Walter Benjamin (entre outros). No entanto, ao contrário da maioria deles, sua atitude não representa apenas uma afinidade nostálgica por formas de vida passadas, mas um compromisso ativo com as comunidades atualmente em luta, à semelhança de outros radicais românticos, como José Carlos Mariátegui, o marxiano peruano dos anos 1920 que celebrou a luta emancipatória dos grupos indígenas andinos, herdeiros do "comunismo inca"; ou dos surrealistas, que desde a década de 1920 demonstram não só um grande interesse pelas culturas não ocidentais, mas também uma solidariedade ativa com a resistência anticolonial dos "selvagens".

Klein entende, melhor do que muitos movimentos tradicionais de esquerda cegos por um "operaísmo" dogmático, a importância decisiva das lutas indígenas pelo meio ambiente. Elas estão, literalmente, na linha de frente da guerra para salvar vidas no planeta. Ao proteger suas amadas florestas, montanhas, rios e litorais, eles estão, afirma Klein, "ajudando a nos salvar" (ibid., p.352). Um exemplo particularmente importante é a luta dos grupos indígenas amazônicos. Ao conter os interesses petrolíferos determinados a sacrificar novos trechos da floresta, eles estão protegendo a última grande reserva de "captura de carbono" do planeta (ibid., p.376). Não surpreende, portanto, que "muitos povos não nativos estejam começando a perceber que os direitos indígenas [...] agora podem representar as mais poderosas barreiras que vão proteger todos nós de um futuro de caos climático" (ibid., p.380).

Este sentimento sincero de gratidão para com os povos indígenas não é romântico em si. O que dá uma "cor" romântica distinta ao compromisso de Klein com essas comunidades é sua profunda admiração por suas tradições ancestrais em relação à natureza. Para ela, esses modos de vida pré-modernos, cujas origens remontam aos séculos passados, não são apenas profundamente antagônicos ao *éthos* destrutivo moderno do capitalismo, mas também iluminam o caminho para um novo futuro. Em outras palavras, suas ideias pertencem claramente – em seu próprio modo idiossincrático – à variante revolucionária e utópica do romantismo.

A ênfase de Klein está nas Américas, mas ela acredita que a Europa também teve um passado "naturalista" que foi progressivamente destruído pelas classes dominantes, principalmente após o século XVII. Na Inglaterra, por exemplo, as elites britânicas, ao seguir as opiniões de sir Francis Bacon, abandonaram, "de uma vez por todas, as noções pagãs da terra como uma figura materna, provedora de vida, a quem devemos respeito e deferência" (ibid., p.170). Essa maneira mais antiga de se relacionar com a terra é o pano de fundo para a rebelião, desde os primeiros dias da industrialização, dos camponeses ingleses e irlandeses contra os cercamentos das terras comunais (ibid., p.177). Ela também inspira, em nosso tempo, a resistência obstinada dos aldeões em Halkidiki, Grécia, contra o projeto destrutivo da mineradora canadense Eldorado Gold de derrubar grandes áreas da floresta nativa de Skouries e "remodelar" o sistema hidráulico local.

Uma das líderes do movimento, a jovem mãe Melachrini Liakou, concedeu uma entrevista a Klein em 2013 e explicou os motivos dessa oposição, amplamente apoiada pela opinião pública grega:

> Eu faço parte desta terra. Eu a respeito. Eu a amo e não a trato como um objeto inútil. [...]. Em contrapartida, a Eldorado, e qualquer outra mineradora, querem devorar a terra, espoliá-la, "deixando para trás nada além de resíduos e uma enorme bomba química para toda a humanidade e a natureza. (ibid., p.296, 342)

Na verdade, aponta Klein, esse é um fenômeno universal que tem uma longa história – séculos de resistência indígena contra colonizadores em todo o mundo (ibid., p.177). E hoje encontramos "visões de mundo baseadas na reciprocidade e na interconexão com o mundo natural" na América do Norte, América Latina, Nigéria, Austrália e Nova Zelândia, entre outros lugares, visões que desempenham um papel fundamental nas lutas atuais contra o extrativismo capitalista (ibid., p.182) – lutas que Klein define com o notável termo Blockadia. Mesmo na China, em condições de severa repressão estatal, os camponeses que dependem de atividades tradicionais de subsistência, como a agricultura de pequena escala e a pesca, "têm um histórico de revoltas militantes contra projetos industriais que causam deslocamento e doenças, sejam fábricas de substâncias tóxicas, rodovias ou megarrepresas" (ibid., p.350-351).

Às vezes, esses movimentos são capazes de influenciar as políticas governamentais. Mas esses resultados costumam ser efêmeros. Um ótimo exemplo descrito por Klein é o projeto Yasuní, proposto por movimentos indígenas e ecológicos do Equador, para preservar a floresta tropical do Parque Yasuní – um paraíso único de biodiversidade – dos esquemas de petrolíferas vorazes para extrair os milhões de barris de petróleo bruto sob a terra. Deveria ter sido feito um apelo à comunidade internacional para compensar o país por não extrair o petróleo, destinando o dinheiro arrecadado – apenas metade do valor das reservas de petróleo – a programas sociais e a uma transição para energia limpa. Isso teria criado um precedente, mostrando que os países pobres deveriam ser recompensados por deixar o petróleo no solo – a melhor e mais segura forma de reduzir as emissões de dióxido de carbono.

172 ANTICAPITALISMO ROMÂNTICO E NATUREZA

Quando eleito em 2007, o governo de centro-esquerda de Rafael Correa adotou o projeto Yasuní, que teve um apoio popular esmagador. Uma pesquisa realizada em 2011 mostrou que 83% dos equatorianos concordavam em deixar o óleo no solo. No entanto, as contribuições dos países desenvolvidos não chegaram (ou apenas em montantes muito pequenos), uma vez que o projeto não se encaixava em suas análises de custo-eficácia do mercado. Infelizmente, Rafael Correa decidiu permitir o início da perfuração em 2013. Para Klein, esse fracasso ilustra as contradições dos governos "progressistas", mas sobretudo a relutância da "comunidade internacional" – como mostra também o fracasso mais amplo das negociações climáticas – em tomar as medidas sérias necessárias para reduzir as emissões. Os movimentos indígenas no Equador e vários grupos de cidadãos protestaram e reuniram 750 mil assinaturas pedindo que a questão fosse submetida a um referendo nacional, e a luta continua (ibid., p.408-411).

Por ter nascido e morar no Canadá, Klein tem um interesse especial pelas Primeiras Nações canadenses, que foram os adversários mais resolutos e obstinados da extração – e do transporte por dutos – de petróleo betuminoso, a mais suja de todas as fontes de energia fóssil do planeta. Os costumes dessas comunidades existem há "centenas de gerações"; suas raízes no que hoje é o oeste do Canadá "remontam a uns dez mil anos". Essas raízes no passado não são importantes apenas para os mais velhos. Os jovens que vivem nessas comunidades sabem muito bem que "sua saúde e identidade têm uma ligação inextricável com a sua capacidade de seguir os passos de seus antepassados" – ou seja, pescar nas mesmas águas, caçar nas mesmas florestas e coletar medicamentos nos mesmos prados. É por isso que os povos indígenas da Colúmbia Britânica viram a construção do Northern Gateway Pipeline – um empreendimento gigantesco projetado para transportar enormes quantidades de petróleo betuminoso tóxico – como uma "onda de violência colonial" brutal que leva à destruição "das terras e das águas que sustentaram nossos ancestrais" (ibid., p.299, 309, 341-42).

Klein usa com frequência a palavra *stewardship* [manejo] para descrever as práticas ancestrais dessas comunidades. De acordo com o dicionário Merriam Webster, significa "gestão cuidadosa e responsável de algo confiado aos cuidados de alguém". Essa definição se encaixa perfeitamente na maneira como as Primeiras Nações se relacionam com a Natureza – basta acrescentar "confiada aos cuidados de alguém por várias gerações de ancestrais". Esse manejo tem uma espécie de afinidade especial com o sol no que se refere ao seu uso como alternativa não apenas aos combustíveis fósseis, mas, de maneira mais geral, ao moderno estilo de vida artificial dos ocidentais. Como afirma Red Cloud, líder Lakota Sioux envolvido em projetos de energia renovável no oeste dos Estados Unidos: "A energia solar sempre fez parte do modo de vida dos nativos. Tudo seguia o *anpetuwi tawonawaka*, a força vital do sol. Está vinculada à nossa cultura, nossas cerimônias, nossa língua, nossas canções" (ibid., p.393). Vanessa Braided Hair, uma jovem ativista Cheyenne, usa palavras semelhantes. A energia solar incorpora a cosmovisão em que ela foi criada (ibid., p.396).

Certamente, reconhece Klein, o sol, o vento e as ondas não podem ser "possuídos" por nós como o carvão ou o petróleo. Mas as energias renováveis são a única maneira de evitar a catástrofe da mudança climática; ao escolhê-las "voltamos ao ponto de partida, em diálogo com a natureza". "Voltar" tem aqui um significado muito preciso: antes da máquina a vapor de James Watt, que supostamente nos libertou – ou melhor, libertou os proprietários de fábricas – da necessidade de nos adaptarmos aos ritmos dos ecossistemas naturais (ibid., p.394). Esta escolha não é meramente "técnica", mas uma luta cultural e política na qual os jovens Cheyenne, seguidores e discípulos de Red Cloud, estão na linha de frente como "guerreiros solares" (ibid., p.397).

Klein às vezes afirma que essa luta se dá, por definição, entre uma "mentalidade extrativista" e uma "regenerativa". Para nós, pode ser mais apropriado falar de um confronto entre dois estilos de vida opostos, bem como duas cosmovisões opostas. Com frequência, os expoentes mais articulados dessa cultura "regenerativa" são as mulheres, como a brilhante escritora Leanne Simpson, uma Mississauga Anishinaabe que dedicou grande parte de sua vida a "coletar, traduzir e interpretar artisticamente as narrativas e histórias orais de seu povo". Segundo ela, os Anishinaabes têm "uma forma de viver que visa gerar vida, não só a vida humana, mas a vida de todos os seres vivos". Klein comenta: "Este é um conceito de equilíbrio, ou harmonia, comum a muitas culturas indígenas" em confronto com "as escavadeiras do colonialismo

174 ANTICAPITALISMO ROMÂNTICO E NATUREZA

e da globalização corporativa". As palavras em Anishinaabe que definem esse equilíbrio costumam ser traduzidas como "a boa vida", mas Simpson prefere a tradução "renascimento contínuo", que ela ouviu da colega Winona LaDuke, escritora e ativista Anishinaabe (ibid., p.442-443).

Curiosamente, apesar de seu compromisso feminista, Klein não discute o crescente papel das mulheres nessas lutas indígenas sociais e ecológicas – um papel que não resulta de alguma afinidade "essencial" com a Mãe Terra, mas do simples fato de que as mulheres, em virtude de suas ocupações tradicionais serem relacionadas à terra, aos alimentos e à água, são as mais diretamente afetadas pelos desastres ambientais produzidos pela "modernização" capitalista.

O protesto contra a quantificação mercantil e monetária do mundo em nome de valores qualitativos do passado – um componente-chave da cosmovisão anticapitalista romântica – pode ser encontrado em muitas páginas de *This Changes Everything*, sempre ligado à questão do meio ambiente natural, isto é, às tradições protetoras da natureza que resistem às "águas geladas do cálculo egoísta", na famosa frase de *O manifesto comunista*, de Marx e Engels. Por exemplo, ao mencionar o fato de Jess Housty, porta-voz da comunidade indígena Heiltsuk, ter recusado "compensações" pelo Northern Gateway Pipeline, Klein comenta:

> Quando a luta se refere a uma identidade, uma cultura, um lugar querido que as pessoas estão decididas a passar para os netos e pelo qual seus ancestrais podem ter pagado com grande sacrifício, não há nada que as empresas possam oferecer como moeda de troca. Nenhuma promessa de segurança trará satisfação; nenhum suborno será grande o suficiente. (ibid., p.342)

Um argumento semelhante é defendido por Lucas King, um jovem líder Cheyenne, ao explicar para um painel de autoridades nada simpáticas a recusa, por parte de sua comunidade, dos "benefícios" de uma grande mina de carvão: "Esta terra é Cheyenne. E isso faz muito tempo, muito mais do que qualquer dólar jamais durou. Eu não espero que vocês nos entendam. Vocês não entendem" (ibid., p.397).

Em outras palavras, existe uma incompatibilidade ou incomensurabilidade essencial – talvez até ontológica – entre esses valores ancestrais e as medidas puramente quantitativas do mercado capitalista. Como afirma Klein de maneira notável: "dinheiro nenhum" pode extinguir o "amor feroz" das comunidades indígenas por suas terras e águas (ibid., p.342). Essas comunidades geralmente são pobres, mas determinadas a "defender uma riqueza que nossa economia não descobriu como contabilizar" (ibid., p.344) – na verdade, não pode "contabilizá-la" porque ela não pertence ao mundo mensurável das mercadorias.

A água, fonte da vida, é uma questão particularmente delicada. Um aldeão romeno que resiste ao fraturamento hidráulico afirma: "Nem somos tão pobres assim. Talvez não tenhamos dinheiro, mas temos água limpa, temos saúde e só queremos ser deixados em paz". Segundo Klein, as batalhas ambientais costumam ser baseadas em uma escolha dura: "Água *versus* gás. Água *versus* petróleo. Água *versus* carvão". Os movimentos anticombustíveis fósseis são, acima de tudo, "movimentos pró-água" (ibid., p.344). Charlene Alden, a incansável diretora do escritório de proteção ambiental Cheyenne, explica por que se recusa a "sacrificar a saúde da terra por dólares de carvão": "em Cheyenne, a palavra para água é a mesma palavra para vida [...] Sabemos que se começarmos a mexer muito com o carvão, ele destrói a vida". Ao escolher a energia solar, Charlene Alden, Red Cloud e outros ativistas puderam provar para a nova geração de cheyennes que "há outro caminho para sair da pobreza e da desesperança – um caminho que não envolve abrir mão da terra pela qual seus ancestrais pagaram tão caro" (ibid., p.391).

Uma das características mais atraentes de *This Changes Everything* é a maneira como Klein dá a porta-vozes e ativistas indígenas – muitas vezes mulheres, uma força emergente em todos os lugares – a oportunidade de explicar – com suas próprias palavras, na linguagem de sua cultura e tradição – seu estilo de vida e sua batalha contra os buldôzeres do "extrativismo", movidos pela oligarquia dos combustíveis fósseis. Mas, felizmente, as comunidades indígenas não estão sozinhas nessa luta. Muitas vezes se juntam a eles movimentos de camponeses e agricultores – a Via Campesina, por exemplo, uma grande rede internacional de combate ao agronegócio que poderia ter recebido ainda mais atenção no livro –, além de sindicalistas, estudantes, ecologistas, vários ativistas radicais e, é claro, a população local não indígena. Assim, grandes coalizões são construídas em torno dos direitos indígenas, como a "Save the Fraser River", que une mais de 130 Primeiras Nações e muitos apoiadores não indígenas, contra o desastroso Northern Gateway Pipeline canadense (ibid., p.345).

De acordo com Klein, um acontecimento surpreendente e muito importante ocorreu nos últimos anos:

> muitos não índios também estão começando a perceber que os modos de vida que os grupos indígenas estão protegendo têm muito a ensinar sobre como se relacionar com a terra de maneiras que não são puramente extrativas. Isso representa uma verdadeira mudança radical em um período muito curto de tempo. (ibid., p.371)

Klein não está argumentando, como certos ecologistas "primitivistas", que todos deveriam retornar ao modo de vida indígena, mas sim que há lições importantes a serem aprendidas com eles, lições cruciais para a construção de alternativas ao curso suicida do estilo de vida moderno.

Graças à luta comum em Blockadia e aos papéis de liderança assumidos pelos povos indígenas, "ideias de inspiração indígena se espalharam" de um jeito "que não acontecia há séculos". Não apenas no Canadá e nos Estados Unidos, mas em todo o mundo, "muitas pessoas estão se lembrando das tradições de gestão de suas próprias culturas, por mais profundas que estejam enterradas, e reconhecendo o papel da humanidade como um de promoção da vida". Confrontadas com a crescente ameaça da busca agressiva por recursos de combustíveis fósseis "não convencionais" – um "frenesi energético extremo" –, "essas velhas ideias estão se reafirmando – pela polinização cruzada, pela hibridização, e encontrando aplicações em novos contextos" (ibid., p.443-445).

Estaria Klein sendo muito otimista? Será que ela está subestimando o poder do sistema, a força insidiosa do "Todo-Poderoso Dólar" (John Muir)? O mais importante, a nosso ver, é que ela percebeu, com uma sagacidade notável, o poder crítico, subversivo e utópico do "ancestral", do "antigo" e do "tradicional", tanto para resistir à perversa lógica destrutiva da ordem social e econômica atual quanto para imaginar uma ordem radicalmente nova.

Hora de pisar no freio

Klein pode ser otimista, mas ela tem plena ciência do perigo que a mudança climática representa para a humanidade. Ela a chama de "um dos crimes mais malditos da história" (ibid., p.464). Nosso sistema econômico, diz ela, está "em guerra com muitas formas de vida na terra, inclusive a vida humana" (ibid., p.21). Ela também está ciente da formidável coalizão de forças econômicas e políticas interessadas em manter, a qualquer preço, essa ordem econômica. E, por último, mas não menos importante, ela entende perfeitamente que o tempo para reformas graduais, para uma "mudança incremental e polida", acabou. Apenas uma abordagem sistêmica, um processo de mudança radical, pode nos salvar:

> as coisas que devemos fazer para evitar o aquecimento catastrófico não estão mais em conflito apenas com a tensão específica do capitalismo desregulado que triunfou na década de 1980. Agora elas estão em conflito com o imperativo fundamental que existe no cerne do nosso modelo econômico: crescer ou morrer. (ibid., p.21)

Nessa passagem, portanto, ela indica claramente que seu pensamento, em seus aspectos mais profundos, foi além do keynesianismo.

Dito de outro modo, Klein acredita, usando palavras surpreendentemente semelhantes às de Walter Benjamin, que está na hora de "refrear as forças da destruição" (ibid., p.451). Contudo, onde podemos encontrar a esperança? Quais são as forças capazes de realizar uma transformação tão profunda assim, a transformação que Benjamin definiu como revolucionária? Klein cita um discurso não de um ecologista radical em um encontro de esquerda, mas de Brad Werner, um cientista norte-americano, no Encontro de Outono da União de Geofísica dos Estados Unidos, em San Francisco, ocorrido em dezembro de 2012. De acordo com as palavras do discurso reportadas por Klein, a única esperança que ele vê para salvar os "sistemas terra-homem" é a "'resistência' – movimentos de 'pessoas ou grupos de pessoas' que 'adotam determinado conjunto de dinâmicas que não se enquadram na cultura capitalista'". Segundo Werner, esse tipo de resistência inclui "ações diretas ambientais, resistências vindas de fora da

178 ANTICAPITALISMO ROMÂNTICO E NATUREZA

cultura dominante, como em protestos, bloqueios e sabotagens, por parte de indígenas, trabalhadores, anarquistas e outros grupos ativistas". Em outras palavras, acrescenta Klein, "somente os movimentos sociais de massa podem nos salvar. Porque sabemos para onde vai o sistema atual, caso permaneça sem controle" (ibid., p.450). O imperativo é ir além dos "redutos efêmeros de espaço liberado" rumo à construção de um novo mundo: "os riscos são simplesmente altos demais, e o tempo, curto demais, para se contentar com menos" (ibid., p.465).

Essa mudança sistêmica radical necessária seria uma forma de socialismo ou ecossocialismo? *This Changes Everything* evita o termo, mas o livro defende a propriedade pública e o planejamento de longo prazo (ibid., p.94, 99), dois componentes fundamentais de qualquer projeto socialista. No entanto, a ênfase na visão de futuro de Klein está nos fundamentos éticos do estilo de vida alternativo: "sem medo da linguagem da moral", ela não hesita em "dar um descanso aos argumentos pragmáticos e de custo-benefício e falar de certo e errado, de amor e indignação". Seu modelo histórico é a luta contundente pela abolição da escravatura. Mas ela acredita que o mesmo entendimento sobre a necessidade de afirmar o valor da vida que inspirou os abolicionistas

> está no cerne de todas as grandes vitórias progressistas, do sufrágio universal ao sistema de saúde universal. Embora todos esses movimentos usassem argumentos econômicos como parte da sua reivindicação por justiça, eles não venceram por atribuir um valor monetário à concessão de direitos e liberdades iguais. Eles venceram por afirmar que esses direitos e liberdades eram valiosos demais para serem medidos e eram inerentes a cada um de nós.

O mesmo argumento é válido para a questão das mudanças climáticas: análises de "custo-eficácia" são "moralmente monstruosas", pois pressupõem a existência de um "preço aceitável para permitir que países inteiros desapareçam" (ibid., p.463-464).

Certo e errado, amor e indignação, vida e liberdade *versus* análises monetárias: não estamos aqui no cerne da cosmovisão romântica? Em *This Changes Everything*, Klein parece sugerir que tal perspectiva, de formas novas e inesperadas, não é irrelevante para os desafios do século XXI.

Não basta dizer não: utopia e memória

Embora *This Changes Everything* represente sua declaração mais completa e elaborada de uma ecologia romântica, insistindo na urgência e na centralidade da questão da mudança climática, Klein de forma alguma abandonou essa perspectiva no que escreveu desde posteriormente. Claramente, a mudança de foco é duradoura. Isso já fica evidente em uma palestra ministrada por ela em 2016 – The Edward W. Said London Lecture – que foi publicada no mesmo ano na *London Review of Books* e depois republicada em um volume coletivo em 2017 (Prashad, 2017). O título, "Let them drown: the violence of othering in a warming world" [Deixe-os afogar: a violência da alterização em um mundo em aquecimento], sugere a conexão íntima que ela sente haver entre a crise ecológica e o risco que corre o estilo de vida de povos oprimidos, desvalorizados, "alterizados". O fato de ela fazer da mudança climática e dos danos ecológicos o ponto central de uma palestra em homenagem a Edward Said é paradoxal à primeira vista, como ela mesma indica no início, já que Said não era um "abraça-árvores" e tinha pouco tempo para agir como um. Mas Klein prossegue e demonstra a relevância tanto das questões ecológicas para as principais preocupações de Said quanto, mais importante, do trabalho de Said para o movimento ecológico.

Pois Said foi o grande teórico e historiador da "alteridade", e com a mudança climática e as devastações do industrialismo moderno de forma mais geral, áreas de colonização, externas ou internas, habitadas por povos "retrógrados" e mais "primitivos", passam a ser definidas como "zonas de sacrifício" pelos ricos e poderosos, em nome do progresso e do lucro. Klein enfatiza, no entanto, que essa exploração intensa e combinada da natureza e de povos subordinados é específica da era capitalista moderna, e ela faz uma observação importante sobre o termo recém-cunhado "Antropoceno":

> Muitas vezes vemos a culpa pelas mudanças climáticas sendo colocada na "natureza humana", na ganância e na falta de visão inerentes à nossa espécie. Ou ouvimos que alteramos tanto a Terra, e em uma escala planetária tal, que agora vivemos no Antropoceno – a era dos humanos. Essas maneiras de explicar nossas

circunstâncias atuais têm um significado muito específico, embora tácito: que só existe um tipo de ser humano, que a essência da natureza humana está nas peculiaridades que deram origem a essa crise. Dessa forma, os sistemas que certos humanos criaram, e aos quais outros humanos resistiram fortemente, são completamente deixados de lado. [...] Diagnósticos como esse apagam a própria existência de sistemas humanos que organizavam a vida de forma diferente. [...] Esses sistemas existiram e ainda existem, mas se apagam a cada vez que dizemos que [...] estamos vivendo na "era do homem". (Klein, 2017, p.39-40)

Os sistemas que organizavam a vida de maneira diferente eram, é claro, pré-modernos, pré-capitalistas ou comunidades subsistentes na modernidade que, em certa medida, preservam esses padrões de vida.

Em seu livro mais recente até o momento, *Não basta dizer não*,[9] Klein desenvolve ainda mais a ideia, com base em seu relato e participação em atos ecológicos atuais de resistência, de que as comunidades indígenas ainda em contato com modos anteriores de relações sociais e naturais são a chave para a luta contra as catástrofes forjadas pelo capitalismo contemporâneo. *Não basta dizer não* foi escrito mais rapidamente do que seus livros anteriores, como uma contribuição ativa e imediata para combater a ameaça representada pela eleição de Trump à presidência nos Estados Unidos e a ascensão do nacionalismo demagógico em outros lugares; muito disso envolve a análise da atual situação sociopolítica assim criada. Mas, na última parte do livro, ela retorna aos temas da ecologia romântica elaborados pela primeira vez em *This Changes Everything*.

Em sua notável discussão sobre Trump e o que significa sua vitória eleitoral, Klein se recusa a reduzir o problema a uma questão de psicopatologia pessoal e vê Trump como o sintoma culminante

---

9 Ed. bras.: Naomi Klein, *Não basta dizer não*. Trad. Marina Vargas. Rio de Janeiro: Bertrand Brasil, 2017. Após esta obra, a autora publicou *The Battle for Paradise*: Puerto Rico Takes on the Disaster Capitalists [A batalha pelo paraíso: Porto Rico enfrenta o desastre dos capitalistas] (2018) e *O mundo em chamas*: um plano B para o planeta. Lisboa: Presença, (2020 [2019]). (N. E.)

de toda uma civilização. Baseando-se em sua análise de *branding* em *Sem logo*, ela percebe Trump como a encarnação da fusão perfeita de *self* e marca; como tal, ele é o "Homem Oco", não uma monstruosidade isolada, mas, pelo contrário, um reflexo do "profundo vazio no coração da própria cultura que o gerou" (Klein, 2017, p.59). O vazio da cultura moderna vem de sua eliminação ou atrofiamento da "comunidade, da conexão, um senso de missão maior do que nossos desejos atomizados imediatos"; marcas que atendem a esses desejos e ao mesmo tempo oferecem às pessoas a ilusão de "fazerem parte de algo maior do que nós", mas que são incapazes de sustentá-lo porque não podem satisfazer autenticamente a esse anseio (ibid., p.60).

As maiores tendências econômicas "neoliberais" dominantes pelo menos desde a década de 1980, e que Trump fornece apesar de seu populismo, trouxeram injustiças sociais e devastações ecológicas a um ponto crítico, e em face da catástrofe iminente provocada por isso tudo, Klein vê, como em *This Changes Everything*, a necessidade de uma ruptura radical. Em *Não basta dizer não*, a metáfora muda um pouco, mas a ideia é a mesma: seu "relato de zonas de desastre" deu a ela "uma prévia do lugar para onde está indo a estrada em que todos estamos, a menos que, de alguma forma, seguremos no volante e desviemos" (ibid., p.131).

Na última parte do livro, Klein aborda a questão de como isso pode ser feito. Sua epígrafe é uma citação do escritor uruguaio Eduardo Galeano, na qual ele pergunta retoricamente para que serve a utopia, posto que quanto mais caminhamos em direção a ela, mais ela se afasta no horizonte. A resposta, "ela serve para caminhar", realça o papel crucial do pensamento utópico na motivação de movimentos rebeldes de mudança social (ibid., p.187). Em uma passagem particularmente significativa dessa última parte, Klein expande essa proposição. Ao responder por que o início do século XXI produziu pouca resistência ao calamitoso *status quo*, ela sugere que o que faltava sobretudo era o ímpeto utópico: "gerações que cresceram sob o neoliberalismo lutaram para imaginar alguma coisa, qualquer que fosse, diferente do que sempre souberam". Para explicar por que isso acontecia, Klein traz uma hipótese interessante, ligando a dinâmica utópica à memória. Como exemplo dessa ligação, ela cita movimentos trabalhistas do século XIX:

182   ANTICAPITALISMO ROMÂNTICO E NATUREZA

Quando os trabalhadores se ergueram contra as depravações da era industrial, muitos tinham memórias vivas de um tipo diferente de economia. Outros lutavam ativamente para proteger um modo de vida existente, fosse uma fazenda familiar que estava sendo perdida para os credores predatórios ou as pequenas empresas artesanais sendo dizimadas pelo capitalismo industrial. Tendo conhecido algo diferente, eles foram capazes de imaginar – e de lutar por – um futuro radicalmente melhor. (ibid., p.219)

Embora Klein não faça nenhuma referência aberta a ele, essa passagem ecoa claramente algumas nuances do trabalho de E. P. Thompson sobre a "economia moral" da classe trabalhadora inglesa.[10]

Na situação atual na América do Norte e no Ocidente de forma mais geral, continua Klein, existem algumas exceções à perda de memória de uma realidade alternativa que leva à incapacidade de conceber a utopia: "Existem culturas e comunidades específicas – principalmente indígenas – que atentamente têm mantido vivas memórias e modelos de outros modos de viver, não baseadas na propriedade da terra e na extração infinita de lucros" (Klein, 2017, p.220). Klein observou pessoalmente a união de memória e utopia nas comunidades indígenas e dedica um capítulo inteiro a essa experiência: "Lições de Standing Rock: ousar sonhar". Em dezembro de 2016, Klein se juntou ao acampamento de "protetores de água" perto da Reserva de Standing Rock que tentavam bloquear a passagem do oleoduto Dakota Access por aquele território – uma passagem que, ao mesmo tempo, colocaria em risco o *habitat* natural e profanaria terras consideradas sagradas pelos Sioux. Ao conversar com líderes indígenas de lá, ela ficou profundamente impressionada com a importância das "tradições e cerimônias que foram mantidas vivas, apesar de centenas de anos de ataques genocidas [...]" (ibid., p.225). Ela ficou igualmente comovida com a proximidade – quase uma

---

10 Ver especialmente Edward Palmer Thompson (1963; 1993). [Ed. bras.: *A formação da classe operária na Inglaterra*. 12.ed. Trad. Denise Bottmann. São Paulo: Paz e Terra, 2012.; *Costumes em comum*. Trad. Rosaura Eichenberg. São Paulo: Companhia das Letras, 2012. (N. E.)]

identidade – dos ameríndios com o meio ambiente natural; nessa relação, como ela descreve, a noção de proteção é essencial e totalmente recíproca – a natureza protege os indígenas e eles a protegem (ibid., p.226-227).

Quase no final de *Não basta dizer não*, na tentativa de definir a perspectiva positiva – e utópica – que ela considera necessária para inspirar o movimento de oposição ao capitalismo neoliberal, Klein preconiza uma "mudança nos valores, aliás, na moral", que substituiria a amoralidade da exploração (ibid., p.240-241). Embora ela discuta a projeção necessária de um futuro desejável também em termos mais concretos, esse amplo conceito ético parece estar no centro de sua visão. Como vimos, ao desenvolver essa perspectiva moral, Klein foi fortemente afetada e influenciada pelos sistemas de valores – em particular no que se refere ao mundo natural, que se resumem em noções como "equilíbrio", "*stewardship*" e "proteção" – dos povos indígenas que ela encontrou. Sob essa luz, Klein surge claramente como uma descendente contemporânea – e ilustre – da tradição da ecologia anticapitalista romântica que temos explorado neste livro.

CONCLUSÃO

Neste livro, estudamos uma série de personalidades que exemplificam o que chamamos de ecocrítica romântica, ou seja, consciência, preocupação e crítica ecológicas oriundas especificamente de uma perspectiva anticapitalista romântica. Sabemos que, por um lado, algumas manifestações da ecologia ou do ambientalismo não são românticas nesse sentido, que seu ponto de vista nem sempre é incompatível com a aceitação do capitalismo; por outro lado, algumas sensibilidades românticas são relativamente indiferentes ao mundo natural e às questões ecológicas. Mas o que nos interessa aqui é explorar o encontro do anticapitalismo romântico e da consciência ecológica no que acreditamos ser uma "afinidade eletiva" entre os dois. As origens sociais das figuras que discutimos não são de forma alguma homogêneas e mostram que a perspectiva geral que as perpassa não é determinada de forma mecanicista pela classe social. William Morris, uma das vozes mais radicais, paradoxalmente veio da próspera classe média alta inglesa, e a maioria das outras personalidades tem algum tipo de raiz na classe média ou na burguesia. Vale notar, porém, que a posição desses autores costuma ser marginal ou relativamente subordinada em relação às elites governantes ou dentro delas. A família de William Bartram era formada por botânicos engajados em alguma atividade comercial, e não por mercadores experientes e qualificados; o pai de Thomas Cole era um empresário fracassado; Walter Benjamin veio de uma família judaica alemã; e os pais de Naomi Klein eram intelectuais boêmios de classe média, também judeus. Raymond Williams se destaca, porém, por vir de uma família da classe trabalhadora galesa, por isso duplamente distanciada das classes dominantes da sociedade inglesa.

Nosso estudo cobriu um período muito amplo que vai desde o início da modernidade capitalista até suas manifestações atuais mais recentes, e os autores que analisamos, portanto, o confrontam em diferentes estágios e lugares: Bartram no desenvolvimento inicial de uma sociedade totalmente dominada pelo mercado na América Britânica; Cole nos primórdios da industrialização na "América Jacksoniana"; Morris na Inglaterra do final do século XIX, no auge da expansão capitalista industrial; Benjamin durante as crises do capitalismo na Europa do início do século XX; Williams na Grã-Bretanha pós-Segunda Guerra Mundial; e Klein, por fim, que atinge a maturidade na era mais recente do "*branding*" e do "neoliberalismo" na América do Norte. Nessas diferentes etapas e situações, as respostas das figuras aqui tratadas apresentam certo padrão de evolução. Enquanto Bartram e Cole eram amplamente impotentes em seu relativo isolamento, vozes que clamavam na selva e que, até certo ponto, acabaram sendo assimiladas, começando com as formas de ativismo de Morris, tornaram-se possíveis na luta para se opor às forças da moderna depredação ecológica. Williams, assim como Morris, juntou-se a ações de grupo, embora sua principal forma de intervenção continuasse sendo a escrita. Benjamin é a exceção a essa tendência, já que sua forma de ação era puramente intelectual (o que, obviamente, não a torna menos eficaz em última instância), enquanto Klein representa o ápice da tendência, com sua extensa participação em organizações e manifestações ecológicas.

Apesar dessas diferenças e variações, bem como as que resultam da grande diversidade de seus campos de atividade e criação, nossas personalidades estão unidas por compartilhar da cosmovisão romântica em sua variante ecocrítica. Embora Morris seja, sem dúvida, o que mais se aproxima de encarnar o tipo ideal weberiano dessa perspectiva, são casos exemplares que a expressam de forma radical. De uma forma ou de outra,

CONCLUSÃO

geralmente se destacam no contexto de sua época e lugar. Além de Bartram e Cole, cujo caráter excepcional nós enfatizamos, notamos que Benjamin pode ser visto como o primeiro pensador marxiano a romper com a ideologia do "progresso", e Williams como o primeiro socialista britânico a adotar uma postura ecocrítica. Apesar dessa exemplaridade, poderosas pressões externas podem, em alguns casos, levar a um certo grau de ambiguidade ou contradição em seus pontos de vista, sem, no entanto, minar sua visão fundamental. Bartram e Cole, por exemplo, articulavam de quando em vez suas percepções críticas de maneira mais clara e contundente em seus escritos não publicados do que nos publicados; e, no caso de Benjamin, sua *reaproximação* do modelo produtivista soviético foi limitada a um curto período, 1933-35, e mesmo assim não afetou toda a sua obra.

Embora tenhamos assim destacado a importância e a contribuição únicas de cada um deles, também mostramos que fazem parte de uma tradição mais ampla e contínua de preocupação e protesto ecológico romântico, e acentuadamente os associamos às personalidades literárias que foram o principal tema de estudo da "ecocrítica", conforme discutido em nossa introdução. Vimos como os autores que discutimos se inter-relacionavam e interagiam de modo significativo com a longa tradição literária inglesa estudada por Williams, que vai de Blake, Wordsworth, Coleridge e John Clare, passa por Carlyle, Cobbett e Ruskin até chegar aos escritores do século XX que saíram dessa matriz cultural. Também aludimos a ligações – mais ou menos próximas – com a correlata vertente norte-americana da escrita sobre a natureza, da qual Thoreau, Emerson e John Muir são os expoentes mais ilustres; com o antigo romantismo alemão e com o alemão Alexander von Humboldt, cientista-viajante e pioneiro na esfera ecológica; por fim, e de maneira crucial, enfatizamos (na introdução) a importância seminal de Rousseau nos primórdios da ecocrítica romântica.

O impacto desses autores dentro dessa ampla tradição muitas vezes envolvia levar adiante e desenvolver, de maneiras novas, seus *insights* incisivos e a integridade de sua visão romântica. Como apontamos, porém, a interpretação do trabalho deles por outras pessoas de perspectiva nitidamente menos oposicionista o edulcorou, enfraquecendo ou desarmando a força crítica do original, como por exemplo com Cole e os proponentes do movimento dos Parques Nacionais, ou Morris e as comunidades planejadas, ou, não obstante, algumas leituras pós-modernas de Benjamin. No entanto, a natureza radical da visão deles foi evidente e inspiradora para muitos.

Nas discussões desses autores, surgiram linhas de interação também entre seu anticapitalismo romântico e outros componentes ideológicos. Alguns destes eram religiosos, como a relação de Bartram com a vertente "primitiva" do quacrismo ou de Benjamin com o judaísmo messiânico. Outros eram políticos, como os laços de Cole com o whiggismo "aristocrático", os de Morris e Benjamin, de maneiras diferentes, com o anarquismo, e os dos dois últimos, junto com Williams, com o marxismo. No caso de Benjamin, a perspectiva de um movimento cultural – o surrealismo – também influenciou sua obra. Esses cruzamentos com diversos outros elementos ideológicos ilustram ainda mais a diversidade que existe dentro da ecocrítica romântica.

A característica definidora comuns a todos os autores analisados, como vimos claramente ao longo do livro, é a crítica apaixonada à civilização moderna, em nome de valores enraizados em uma era pré-moderna, com ênfase especial na questão de sua relação com o mundo natural. Embora muitas vezes expressem percepções semelhantes em cada um desses três aspectos da visão ecocrítica romântica, às vezes eles também se concentram em diferentes questões e fenômenos, ou articulam suas ideias por meio de diferentes conceitos. Ao criticar a modernidade, por exemplo, Cole visa à ideologia reinante do "utilitarismo"; Benjamin, à natureza mecânica da sociedade moderna; Williams, ao que ele chama de "produtivismo" e "progressismo"; Klein, ao esvaziamento da sociedade contemporânea por meio do *branding*. Há algo central no discurso de todos eles: um questionamento subversivo da própria definição de riqueza naquela sociedade, e todos eles, cada um ao seu modo, propõem uma redefinição do que é a verdadeira riqueza, mostrando como ela é negada e destruída na modernidade.

Os períodos do passado em que eles encontram o *locus* dos verdadeiros valores em oposição à modernidade variam, embora seja visível uma acentuada propensão a uma ampla época em específico. Embora a atração pela Idade Média seja bastante comum entre os românticos, Morris é o único desses autores a

CONCLUSÃO

expressar essa predileção. Embora um dos estados sociais antigos preferidos de Cole seja amplamente descrito como um estado de pastoralismo e pequena agricultura, ao mesmo tempo ele se sente atraído por sociedades "primitivas" em ambientes selvagens, e este é o passado mais valorizado pelos escritores aqui analisados – dos ameríndios de Bartram aos *"Urzeit"* do matriarcado primitivo de Benjamin, conforme delineado por Bachofen, aos povos "indígenas" contemporâneos de Klein. Voltaremos depois à posição privilegiada de Klein quanto ao ecologismo romântico.

Todas os autores que analisamos projetam uma forte identificação emotiva com o mundo da "natureza", não importa como seja vivenciada ou percebida, e são dolorosamente cientes de que a modernidade o danifica e o põe em risco, o que não acontecia no passado que valorizam. Suas concepções específicas da natureza variam, mas muitas vezes compartilham vários temas comuns. Com frequência, veem a natureza como totalmente igualitária, na qual não existe hierarquia entre a multiplicidade de formas de vida, e também como totalmente integrada, interconectada, unificada em uma rede oniabrangente. Desse modo, há uma oposição diametral às formas de dominação e fragmentação da sociedade moderna. Além dessas características, no entanto, e de uma essência mais especificamente romântica, estão a magia, o encantamento e a espiritualidade que a natureza parece possuir. Por fim, no universo cultural ocidental, a metáfora do mítico Jardim do Éden é evocada continuamente.

A avaliação que fazem dos males gerados pela modernidade capitalista muitas vezes leva aqueles que estudamos a uma sensação de crise calamitosa que se expressa em fantasias apocalípticas, distópicas e avisos proféticos. Essas premonições de desgraça iminente, a menos que ocorra uma mudança significativa, são um componente importante, especialmente na obra de Cole – em seus escritos e na série de pinturas *O curso do Império*. Mas elas também estão presentes nas metáforas angustiadas de Benjamin: cortar o pavio antes que a centelha alcance o explosivo e frear antes da colisão. Klein, que tem plena consciência do perigo supremo que a mudança climática representa, provavelmente não tinha conhecimento que Benjamin usara tal imagem antes de ela escrever sobre a necessidade absoluta e urgente de pisar no freio.

190 ANTICAPITALISMO ROMÂNTICO E NATUREZA

Os ecocríticos românticos, portanto, costumam ser profunda-mente pessimistas em suas análises e pronunciamentos. Em alguns casos, no entanto, o pessimismo deles é "revolucionário" – como o definimos em respeito a Benjamin – um pessimismo que recusa o desespero, ousa imaginar a utopia e às se esforça para atingi-la. A visão utópica é, de fato, uma presença potente junto à distópica. Ela aparece com a mais extrema clareza, é claro, em *Notícias de lugar nenhum*, de Morris, mas pode ser encontrada em outros lugares em diferentes formas: nas evocações de Bartram e Cole de comunidades que vivem como *parte* da natureza; nas memó-rias de Williams das "comunidades cognoscíveis" e o anseio para transcender oposição entre cidade e campo; no reconhecimento de Klein de que o pensamento utópico é essencial hoje em dia, e em sua percepção de que ele está ligado à *memória*. Quanto ao paradoxo da coexistência de pessimismo e otimismo nos autores analisados, talvez a última palavra deva ser a de Benjamin: cada segundo é o portão estreito através do qual a salvação pode chegar.

Acreditamos que a relação intelectual, emocional e cultural entre o protesto romântico contra a modernidade capitalista e o cuidado com o meio ambiente natural – como documentado neste livro – não seja uma coisa do passado, mas de extrema relevante para o presente e, sem dúvida, também para o futuro. Nossa discussão no último capítulo sobre os escritos de Klein destacou um exemplo importante da presença contínua dessa relação nos dias de hoje. Também encontramos essa conexão em alguns autores literários recentes e contemporâneos – dois exemplos notáveis são a nativa norte-americana Leslie Marmon Silko, poeta e romancista, e a escritora de ficção científica Ursula Le Guin – e também no cinema. Um exemplo cinematográfico marcante é o filme *Avatar* (2009), de James Cameron, uma fantasia futurística que retrata o violento confronto entre coloni-zadores humanos – empenhados em extrair um mineral precioso que lhes permitirá resolver a crise energética causada pelo esgo-tamento severo dos recursos da Terra – e os na'vis, uma espécie humanoide nativa do planeta Pandora que vive em harmonia e simbiose com a natureza. O conflito é visto pelos olhos de um dos colonizadores que finalmente decide tomar partido dos indígenas e se tornar um deles, talvez motivado, pelo menos em parte, por sua deficiência física.

CONCLUSÃO

A perspectiva romântica também está claramente presente em algumas das correntes mais radicais do movimento ecológico: "ecologia profunda", ecofeminismo, primitivismo ecológico e ecossocialismo. E mesmo que não haja um equivalente real para Thomas Cole no século XXI, existem artistas românticos com sensibilidades "naturalistas" também em nosso tempo.[1] Discutir essas manifestações múltiplas, é claro, exigiria um novo livro. Então, para concluir, vamos nos concentrar aqui em um fenômeno cultural amplo que acreditamos ser crucial para os desenvolvimentos presentes e futuros na arena ecológica, um fenômeno que forma o pano de fundo para a visão romântica de Naomi Klein: o *indigenismo*. Esse termo tem significados múltiplos e contraditórios, mas o mais relevante em nossa perspectiva se refere aos movimentos sociais e políticos que buscam a emancipação – ou a autoemancipação – das populações indígenas das Américas. Ele apareceu pela primeira vez com a Revolução Mexicana de 1911-17 e foi interpretado em termos marxianos nos escritos do socialista peruano José Carlos Mariátegui no final dos anos 1920. O termo se difundiu no século XXI e foi adotado até como política oficial por alguns governos de esquerda, notadamente o de Evo Morales na Bolívia.

Como já discutido em relação a Naomi Klein, comunidades indígenas em todo o mundo, mas especialmente nas Américas, têm lutado recentemente em defesa de suas terras, águas e florestas, contra a construção de dutos, a mineração de ouro e o agronegócio industrial. Na verdade, elas se tornaram centrais na luta pelo meio ambiente. Isso se dá não só por meio de suas ações locais, mas também pelo fato de proporem um modo de vida alternativo ao do capitalismo neoliberal globalizado. A cultura política desse "indigenismo", expressada na sociedade de forma ampla por parte dos movimentos e de seus apoiadores em diferentes meios – canções, orações, obras literárias, filmes e ensaios teóricos –, possui uma poderosa dimensão romântica e ecológica,

---

1 Um exemplo que reúne arte, ecologia, romantismo e teoria crítica é o álbum ilustrado *Truth and Dare, a Comic Book Curriculum for the End and the Beginning of the World* [Verdade ou desafio: um currículo em quadrinhos para o fim e o começo do mundo], lançado em 2014 pelos ecossocialistas Fred Ho e Quincy Saul.

pois, nessa perspectiva, a crítica à devastação moderna da "Mãe Terra" é inspirada muitas vezes por valores espirituais e tradições comunitárias pré-capitalistas, e por uma relação com a Natureza que a considera um reino sagrado.

A dinâmica do capital exige a transformação de todos os bens mantidos de forma comum, o que, cedo ou tarde, leva à destruição ambiental. As zonas petrolíferas da América Latina, abandonadas pelas multinacionais depois de anos de destruição, são destruídas e abandonadas com toda sua toxicidade, deixando um legado deplorável de doenças entre os habitantes. As populações que vivem em contato mais direto com esses meios ambientes são as primeiras vítimas desse ecocídio e, com razão, tentam se opor à expansão destrutiva do capital em suas terras como uma questão de sobrevivência. Além dessas motivações imediatas e concretas, porém, entra em cena um antagonismo mais profundo entre o modo de vida dessas comunidades e o "espírito do capitalismo", como Max Weber o definiu. Existe uma espécie de "afinidade negativa" entre a ética indígena e o espírito do capitalismo – o oposto da afinidade eletiva entre a ética protestante e o capitalismo.

Esse conflito tem uma longa história. Ele já foi descrito (admiravelmente) pelo escritor anarquista B. Traven em um de seus romances mexicanos, *A rosa branca* (1929), que narra a tomada das terras, por uma grande petrolífera norte-americana, de uma comunidade indígena após o assassinato de seu líder. Mas o conflito se intensificou nas últimas décadas, por causa, por um lado, do aumento da intensidade e extensão da exploração do meio ambiente e, por outro lado, por conta do surgimento do movimento de justiça global e dos movimentos indígenas para combater essa exploração. Entre os exemplos mais conhecidos, alguns dos quais aparecem em *This Changes Everything*, de Naomi Klein, temos: a luta das Primeiras Nações Canadenses contra a exploração de petróleo betuminoso em Alberta; a resistência dos Sioux ao duto Dakota Access; o movimento indígena brasileiro por uma "floresta amazônica livre de petróleo"; a oposição das comunidades peruanas na área de Cajamarca à venenosa mineração de ouro; e o combate do movimento indígena equatoriano, apoiado por ecologistas, contra concessões às petrolíferas multinacionais no Parque Yasuní. Movimentos semelhantes, alguns também tratados em *This Changes Everything*, ocorreram em outras partes do mundo.

Em abril de 2010, a Conferência Mundial dos Povos sobre Mudança Climática e Direitos da Mãe Terra foi convocada por Evo Morales na cidade boliviana de Cochabamba. Participaram mais de 20 mil delegados de todo o mundo, mas a maioria era de países andinos da América Latina, com uma representação indígena muito significativa. A resolução adotada pela conferência, que teve uma repercussão internacional considerável, é um impressionante documento da ideia "romântica", ecológica e anticapitalista do indigenismo. Vejamos alguns trechos desse documento:

> O sistema capitalista nos impôs uma lógica de competição, progresso e crescimento ilimitados. Esse regime de produção e consumo busca o lucro sem limites, separando os seres humanos da natureza e impondo sobre ela uma lógica de dominação, transformando tudo em mercadoria: a água, a terra, o genoma humano, as culturas ancestrais, a biodiversidade, a justiça, a ética, os direitos dos povos e a própria vida.
>
> No capitalismo, a Mãe Terra se converte em fonte de matéria-prima, e os seres humanos em consumidores e meios de produção, em pessoas que só valem pelo que possuem, e não pelo que são.
>
> O capitalismo requer uma poderosa indústria militar para seus processos de acumulação e imposição de controle sobre territórios e recursos naturais, reprimindo a resistência dos povos. É um sistema imperialista de colonização do planeta.
>
> A humanidade enfrenta um grande dilema: continuar no caminho do capitalismo, da depredação e da morte, ou escolher o caminho da harmonia com a natureza e do respeito pela vida.
>
> É imperativo que forjemos um novo sistema que restaure a harmonia com a natureza e entre os seres humanos. E para que haja equilíbrio com a natureza, primeiro deve haver igualdade entre os seres humanos.
>
> Propomos aos povos do mundo a recuperação, revalorização e fortalecimento do conhecimento, da sabedoria e das práticas ancestrais dos Povos Indígenas, que se afirmam no pensamento e nas práticas de "Bem Viver" (*Suma Kawsay*), reconhecendo a Mãe Terra

como um ser vivo com o qual temos uma relação complementar e espiritual indivisível e interdependente.[2]

Uma resolução à parte foi aprovada pelas delegações indígenas na mesma conferência. Vejamos uma passagem significativa desse texto:

> Nós, povos indígenas, somos filhos e filhas da Mãe Terra, ou "Pachamama" em quíchua. A Mãe Terra é um ser vivo no universo que concentra energia e vida, enquanto dá abrigo e vida a todos sem pedir nada em troca, ela é o passado, o presente e o futuro; esse é o nosso relacionamento com a Mãe Terra. Vivemos em convivência com ela há milhares de anos, com nossa sabedoria e espiritualidade cósmica ligadas à natureza. No entanto, os modelos econômicos promovidos e forçados pelos países industrializados que promovem a exploração e o acúmulo de riquezas transformaram radicalmente nossa relação com a Mãe Terra. Devemos reafirmar que as mudanças climáticas são uma das consequências dessa lógica irracional de vida que devemos mudar. [...] A agressão à Mãe Terra e os repetidos ataques e violações aos nossos solos, ar, florestas, rios, lagos, biodiversidade e cosmos são agressões contra nós.

É claro que o "indigenismo" contemporâneo expresso aqui nos termos de um movimento político ativista é bem diferente das versões individuais dos séculos XIX e XX da cosmovisão ecológica romântica discutida neste livro, embora seja visível uma comunalidade subjacente. Conforme ilustrado aqui, nossa concepção de romantismo – e, de modo geral, sua manifestação especificamente ecológica – pode ser expressa não apenas em autores ou artistas individuais, mas também em movimentos sociais. No caso do romantismo ecológico, a obra de Naomi Klein pode ser vista como uma ponte entre os dois. Por mais que não seja possível prever o futuro de modo certeiro, em vista da urgência fundamental e universal da crise das mudanças climáticas que agora nos confronta, é de esperar que a ecocrítica anticapitalista romântica continue a fazer com que sua voz contundente seja ouvida nas rebeliões antissistêmicas do futuro.

---

2 Ambos os documentos podem ser encontrados no site: climateandcapitalism. com.

REFERÊNCIAS BIBLIOGRÁFICAS

AHO, Gary L. *William Morris, a Reference Guide*. Boston: G.K. Hall, 1985.

AUDIER, Serge. *La société écologique et ses ennemis*: pour une histoire alternative de l'émancipation. Paris: La Découverte, 2017.

BAIGELL, Matthew. *Thomas Cole*. New York: Watson-Guptill Publishers, 1981.

BARRINGER, Tim. The Course of Empires: Landscape and Identity in America and Britain, 1820-1880. In: WILTON, Andrew (Ed.). *American Sublime*: Landscape Painting in the United States, *1820-1880*. Princeton: Princeton University Press, 2002.

BARRINGER, Tim. The Englishness of Thomas Cole. In: SIEGEL, Nancy. *The Cultured Canvas*: New Perspectives on American Landscape Painting. Durham: University of New Hampshire Press, 2011.

BARTRAM, William. *Travels*. New York: Penguin, 1988 ("The Penguin Nature Library").

BASCHET, Jerome. *Défaire la tyrannie du présent. Temporalites émergentes et futurs inédits*. Paris: La Découverte, 2018.

BENJAMIN, Walter. *Briefe*. G. Scholem and T. W. Adorno (Ed.). Frankfurt am Main: Suhrkamp Verlag, 1966, I.

BENJAMIN, Walter. *Gesammelte Schriften*. Frankfurt am Main: Suhrkamp Verlag, 1974, II, 1-2.

BENJAMIN, Walter. *Gesammelte Schriften*. V, 2. Frankfurt am Main: Suhrkamp Verlag, 1983.

BENJAMIN, Walter. *Illuminations*. Trans. H. Zohn. New York: Schocken, 1969.

BENJAMIN, Walter. *Nachtrage*, in *Gesammelten Schriften*. Frankfurt am Main: Suhrkamp Verlag, VII, 1.

BENJAMIN, Walter. *One-way Street and Other Writings*. Trans. J. A. Underwood. London: Penguin, 2008.

BENJAMIN, Walter. *The Arcades Project*. Cambridge: Harvard University Press, 1999

BENJAMIN, Walter. *The Storyteller*. London: Verso, 2016,

BENJAMIN, Walter. *Über den Begriff der Geschichte*. Gerard Raulet (Ed.). Frankfurt am Main: Suhrkamp, 2010.

BOOS, Florence S. An aesthetic ecocommunist: Morris the Red and Morris the Green. In: MORRIS, William. *William Morris*: Centenary Essays. Peter Faulkner & Peter Preston (Ed.). Exeter: University of Exeter Press, 1999.

BRANCH, Michael (Ed.). *Reading the Roots*: Nature Writing Before Walden. Athens, GA: University of Georgia Press, 2004.

BRANCH, Michael. Indexing american possibilities: the natural history writing of Bartram, Wilson, and Audubon. In: GLOTFELTY, Cheryll; FROMM, Harold. *The Ecocriticism Reader*: Landmarks in Literary Ecology. Athens, GA: University of Georgia Press, 1996.

BUELL, Lawrence. *The Environmental Imagination*: Thoreau, Nature Writing and the Formation of American Culture. Cambridge, MA: Harvard University Press, 1995.

Charles Dickens. *Hard Times*. New York: Harper and Row, 1965.

CHATEAUBRIAND, François-René de. *Le génie du christianisme*. Paris: Garnier Flammarion, 1966, v.1.

CLARE, John. *Selected Poems*. London: Penguin, 1990,

CLARKE, Larry R. The Quaker Background of William Bartram's View of Nature, *Journal of the History of Ideas* 46, 3, 1985, p.435-48.

COBBETT, William. *Rural Rides*. Harmondsworth: Penguin, 1985 (Penguin Classics).

COHEN, Margaret. *Profane Illumination*: Walter Benjamin and the Paris of Surrealist Revolution. Berkeley: University of California Press, 1993.

COX, John D. *Traveling South*: Travel Narratives and the Construction of American Identity. Athens, GA: University of Georgia Press, 2005.

CUTTING, Rose Marie *John and William Bartram, William Byrd II and St. John de Crèvecoeur*: A Reference Guide. Boston, MA: G. K. Hall, 1976.

DALLMEYER, Dorinda G. (Ed.). *Bartram's Living Legacy*: The Travels and the Nature of the South. Macon, GA: Mercer University Press, 2010.

DUNWELL, Frances. Thomas Cole: inspiration for the environmental movement. In: *Thomas Cole*: Drawn to Nature. Albany, NY: Albany Institute of History and Art, 1993.

ECONOMIDES, Louise. *The Ecology of Wonder in Romantic and Postmodern Literature*. New York: Palgrave Macmillan, 2016.

EMERSON, Ralph Waldo. *Selected Journals 1820-1842*. New York: Penguin, 2010.

EWAN, Joseph (Ed.). *William Bartram*: Botanical and Zoological Drawings, *1756-1788*. Philadelphia: American Philosophical Society, 1968.

FAGIN, N. Bryllion. *William Bartram*: Interpreter of the American Landscape. Baltimore: Johns Hopkins University Press, 1933.

FAIRCLOUGH, Oliver; LEARY, Emmeline. *Textiles by William Morris and Morris & Co. 1861-1940*. London: Thames and Hudson, Birmingham Museums and Art Gallery, 1981.

FELLER, Daniel. *The Jacksonian Promise*: America, 1815-1840. Baltimore: Johns Hopkins University Press, 1995.

FERBER, Linda S. *The Hudson River School*: Nature and the American Vision. New York: Skira Rizzoli; New York Historical Society, 2009).

FISCHER, Ernst. *Ursprung und Wesen der Romantik*. Frankfurt: Sendler Verlag, 1986.

FOSTER, John Bellamy. *Marx's Ecology*: Materialism and Nature. New York: Monthly Review Press, 2001.

FOSTER, John Bellamy. William Morris's romantic revolutionary ideal: nature, labour and gender in *News from Nowhere*. *The Journal of William Morris Studies*, v.XXII, n.2, 2017, p.17-35.

GATTA, J. *Making Nature Sacred*: Literature, Religion and the Environment in America from the Puritans to the Present. Oxford: Oxford University Press, 2004.

GLOTFELTY, Cheryll; FROMM, Harold (Ed.). *The Ecocriticism Reader*: Landmarks in Literary Ecology. Athens: University of Georgia Press, 1996.

GOLDMANN, Lucien. *Le dieu Caché*. Paris: Gallimard, 1955.

GOODBODY, Axel. German ecocriticism: an overview. In: GARRARD, Greg (Ed.). *The Oxford Handbook of Ecocriticism*. New York: Oxford University Press, 2014.

GOODRIDGE, John. *John Clare and Community*. Cambridge: Cambridge University Press, 2013.

GORAK, Jan. *The Alien Mind of Raymond Williams*. Columbia: University of Missouri Press, 1988.

HALL, Dewey. *Romantic Ecocriticism*: Origin and Legacies. Lanham, MD: Lexington Books, 2016.

HALLOCK, Thomas. 'On the borders of a New World': Ecology, Frontier Plots, and Imperial Elegy in William Bartram's 'Travels'. *South Atlantic Review*, 66, 4, autumn 2001.

HALLOCK, Thomas. Vivification and the early art of William Bartram. In: BRADDOCK, Alan C.; IRMSCHER, Christoph (Ed.). *A Keener Perception*: Ecocritical Studies in American Art History. Tuscaloosa: University of Alabama Press, 2009.

HALLOCK, Thomas; HOFFMANN, Nancy E. (Ed.). *William Bartram, The Search for Nature's Design*: Selected Art, Letters, and Unpublished Writings. Athens, GA: University of Georgia Press, 2010.

HARVEY, Samantha C. Reading the 'book of nature': Thomas Cole and the British Romantics. In: HUTCHINGS, Kevin; MILLER, John (Ed.). *Transatlantic Literary Ecologies*: Nature and culture in the nineteenth-century Anglophone Atlantic world. London: Routledge, 2017.

HENRETTA, James. *The Origins of American Capitalism*: Collected Essays. Boston, MA: Northeastern University Press, 1991.

HERBST, Josephine. *New Green World*. New York: Hastings House, 1954.

HESS, Scott. *William Wordsworth and the Ecology of Authorship*: The Roots of Environmentalism in Nineteenth-Century Culture. Charlottesville: University of Virginia Press, 2012.

HIETALA, Thomas R. *Manifest Design*: Anxious Aggrandizement in Late Jacksonian America. Ithaca, NY: Cornell University Press, 1985.

HODGSON, Amanda. *The Romances of William Morris*. Cambridge: Cambridge University Press, 1987.

HOFFMANN, Nancy E. *The Construction of William Bartram's Narrative Natural History*: A Genetic Text of the Draft Manuscript for *Travels Through North and South Carolina, Georgia, East and West Florida*. PhD diss., University of Pennsylvania, 1996.

HUMBOLDT, Alexander von. *Views of Nature*. Stephen T. Jackson and Laura Dassow Walls (Ed.). Chicago, IL: University of Chicago Press, 2014.

HUMBOLDT, Alexander von; BONPLAND, Aimé. *Essay on the Geography of Plants*. Stephen T. Jackson (Ed.). Chicago, IL: University of Chicago Press, 2009.

IANNINI, Christopher P. *Fatal Revolutions*: Natural History, West Indian Slavery, and the Routes of American Literature. Chapel Hill: University of North Carolina Press, 2012.

INGLIS, Fred. *Raymond Williams*. London: Routledge, 1995.

IRMSCHER, Christoph. *The Poetics of Natural History*: From John Bartram to William James. New Brunswick, NJ: Rutgers University Press, 1999.

KELLEY, Donald Brooks. The evolution of Quaker theology and the unfolding of a distinctive Quaker ecological perspective in Eighteenth-Century America. *Pennsylvania History*, 52, oct. 1985.

KELLEY, Friends and Nature in America: toward an Eighteenth-Century Quaker ecology. *Pennsylvania History*, 53, oct. 1986, p.261-66.

KLEIN, Naomi. *Fences and Windows*: Dispatches from the Front Lines of the Globalization Debate. London: Harper Perennial, 2005 [2002].

KLEIN, Naomi. *No is Not Enough*: Defeating the New Shock Politics. London: Allen Lane, 2017.

KLEIN, Naomi. *No Logo*. London: Fourth Estate, 2010 [1999].

KLEIN, Naomi. *The Shock Doctrine*: The Rise of Disaster Capitalism. London: Penguin, 2008 [2007].

KLEIN, Naomi. *This Changes Everything*: Capitalism *vs.* The Climate. New York: Simon & Schuster, 2014.

KULIKOFF, Allan. *The Agrarian Origins of American Capitalism*. Charlottesville: University Press of Virginia, 1992.

LAWSON, John. *A New Voyage to Carolina*. Hugh Talmage Lefler (Ed.). Chapel Hill: University of North Carolina Press, 1967).

LEASK, Nigel. *Curiosity and the Aesthetics of Travel Writing, 1770-1840*. Oxford: Oxford University Press, 2002.

LÖWY, Michael. *George Lukacs* – from Romanticism to Bolshevism. New Left Books, 1979.

LÖWY, Michael. *Morning Star*: Surrealism, Marxism, Anarchism, Situationism. Utopia. Austin: University of Texas Press, 2009.

LÖWY, Michael. Romanticism and capitalism. In: Ferber, Michael (Ed.). *A Companion to European Romanticism*. London: Blackwell, 2005.

LÖWY, Michael; SAYRE, Robert. *Romanticism Against the Tide of Modernity*. Durham, NC: Duke University Press, 2001.

LÖWY, Michael; SAYRE, Robert. *Romanticism Against the Tide of Modernity*. Durham, NC: Duke University Press, 2002.

MACCARTHY, Fiona. *Anarchy and Beauty*: William Morris and his Legacy, 1860-1960. New Haven: Yale University Press, 2014.

MACKENZIE, Alexander. *Voyages from Montreal on the River St. Laurence through the Continent of North America to the Frozen and Pacific Oceans in the Years 1789 and 1793, with a Preliminary Account of the Rise,*

Progress, and Present State of the Fur Trade of that Country. Toronto: The Radisson Society of Canada, 1927.

MAGOC, Chris J. *So Glorious a Landscape:* Nature and the Environment in American History and Culture. Wilmington, DE: American Visions Series, Scholarly Resources Books, 2002.

MARX, Karl. *Capital.* New York: Vintage, 1970.

MARX, Karl; ENGELS, Friedrich. *Manifesto of the Communist Party* (1848). In: *Collected Works.* Trans. R. Dixon et al. 47v. New York: International Publishers, 1975, v.6.

MCKUSICK, James C. *Green Writing:* Romanticism and Ecology. New York: St. Martin's Press, 2000.

MERRILL, Michael. Putting 'capitalism' in its place: a review of recent literature. *William and Mary Quarterly,* 52, 1995.

MEYERS, Amy. *Knowing Nature:* Art and Science in Philadelphia, 1740-1840. New Haven: Yale University Press, 2011.

MEYERS, Amy. *Sketches From the Wilderness:* Changing Conceptions of Nature in American Natural History Illustration: 1680-1880, Diss., Yale University, 1985.

MILLER, Angela. *The Empire of the Eye:* Landscape Representation and American Cultural Politics 1825-1875. Ithaca, NY: Cornell University Press, 1993.

MILLER, Angela. Thomas Cole and Jacksonian America: *The Course of Empire* as Political Allegory. *Prospects,* 14, 1989.

MILLER, Douglas T. (Ed.). *The Nature of Jacksonian America.* New York: John Wiley and Sons, 1972.

MOORE, Bryan *Ecology and Literature:* Ecocentric Personification from Antiquity to the Twenty-First Century. New York: Palgrave Macmillan, 2008.

MOORE, Jason. *Capitalism in the Web of Life:* Ecology and the Accumulation of Capital. London: Verso, 2015.

MORRIS, William. *News from Nowhere and Other Writings.* Clive Wilmer (Ed.). Harmondsworth: Penguin, 1993.

MORRIS, William. *News from Nowhere.* Krishan Kumar (Ed.). Cambridge: Cambridge University Press, 1995.

MORRIS, William. *Selected Writings and Designs.* Harmondsworth: Penguin, 1962.

MORRIS, William. *Three Works by William Morris.* A. L. Morton (Ed.). London: Lawrence & Wishart, 1968.

REFERÊNCIAS BIBLIOGRÁFICAS

MORRIS, William. *William Morris, Political Writings of William Morris*. A. L. Morton (Ed.). London: Lawrence & Wishart, 1979.

MORRIS, William. *William Morris: Centenary Essays*. Peter Faulkner; Peter Preston (Ed.). Exeter: University of Exeter Press, 1999.

MORTON, Timothy. *Ecology Without Nature*: Rethinking Environmental Aesthetics. Cambridge, MA: Harvard University Press, 2007.

NASH, Roderick. *Wilderness and the American Mind*. 3.ed. New Haven: Yale University Press, 1982 [1967].

NOLL, Mark A. (Ed.). *God and Mammon*: Protestants, Money, and the Market, 1790-1860. Oxford: Oxford University Press, 2002.

NOVALIS. *Werke*. Stuttgart: W. Hädecke Verlag, 1924.

O'SULLIVAN, Paddy. The ending of the journey: William Morris, *News from Nowhere* and Ecology. In: COLEMAN, Stephen; O'SULLIVAN, Paddy (Ed.). *William Morris & News from Nowhere*: A Vision for Our Time. Bideford, Devon: Green Books, 1990.

PARRY III, Ellwood C. *Thomas Cole's "The Course of Empire"*: A Study in Serial Imagery. Dissertation, Yale University, 1970.

PARRY, Ellwood. *The Art of Thomas Cole*: Ambition and Imagination. Newark: University of Delaware Press, 1988.

PINKNEY, Tony. Romantic ecology. In: WU, Duncan (Ed.). *A Companion to Romanticism*. Oxford: Blackwell, 1998.

POSTHUMUS, Stéphanie. Écocritique et 'ecocriticism'. Repenser le personnage écologique. *Figura*, v.36, 2014.

POWELL, Earl. *Thomas Cole*. New York: H. N. Abrams, 1990.

PRASHAD, Vijay (Ed.). *Will the Flower Slip Through the Asphalt*: Writers Respond to Capitalist Climate Change. New Delhi: LeftWord Books, 2017.

PRATT, Mary-Louise. *Imperial Eyes*: Travel Writing and Transculturation. London: Routledge, 1992.

RADKAU, Joachim. *The Age of Ecology*: A Global History. Trans. Patrick Camiller. Cambridge, UK: Polity Press, 2014.

REGIS, Pamela. *Describing Early America*: Bartram, Jefferson, Crèvecoeur, and the Rhetoric of Natural History. Dekalb: Northern Illinois University Press, 1992.

RIGBY, Kate. Romanticism and ecocriticism. In: GARRARD, Greg (Ed.). *The Oxford Handbook of Ecocriticism*. New York: Oxford University Press, 2014.

RIGNALL, John; KLAUS, H. Gustav (Ed.). *Ecology and the Literature of the British Left*: The Red and the Green. Farnham, UK: Ashgate, 2012.

ROSEMONT, Franklin. Karl Marx and the Iroquois. In: *Arsenal. Surrealist Subversion*. Chicago: Black Swann Press, n.4, 1989.

ROUSSEAU, Jean-Jacques. *Discours sur l'origine et les fondements de l'inégalité parmi les hommes*. Paris: Flammarion, 2008 [1755].

ROUSSEAU, Jean-Jacques. *Rêveries du promeneur solitaire*. Paris: Flammarion, 2012 [1778].

ROZANIS, Stephanos. *I Romantiki Exegersi*. In: *Meletes ya to Romantismo*. Athens: Ekdosis Ilektron, 2001.

RUSKIN, John. *The Library Edition of the Works of John Ruskin*. E. T. Cook; Alexander Wedderburn (Ed.). London: George Allen, 1905-12.

RUSKIN, John. The white thorn blossom. In: *Fors Clavigera: Letters to the Workers and Labourers of Great Britain*, 1886: Letter 8, May 1871.

SACHS, Aaron. *The Humboldt Current*: Nineteenth-Century Exploration and the Roots of American Environmentalism. New York: Viking, 2006.

SARGENT, Lyman Tower. William Morris and the anarchist tradition. In: BOOS, Florence S.; SILVER, Carole G. (Ed.). *Socialism and the Literary Artistry of William Morris*. Columbia: University of Missouri Press, 1990.

SAYRE, Robert. Alexander Mackenzie's search for the Northwest passage: the commercial imperative (1789-93). In: REGARD, F. (ed.) *The Quest for the Northwest Passage*: Knowledge, Nation and Empire, 1576-1806. London: Pickering & Chatto, 2013.

SCHAFER, Daniel L. William Bartram and the Ghost Plantations of British East Florida. *Environmental History*, v.16, Issue 4, oct. 2011, p.740–741.

SCHUBERT, G. H. Ansichten von der Nachtseite der Naturwissenschaft. In: *Theorie der Romantik*. Stuttgart: Reclam, 2000 [1808].

SCHUYLER, David. *Sanctified Landscape*: Writers, Artists, and the Hudson River Valley, 1820-1909. Ithaca, NY: Cornell University Press, 2012.

SELLERS, Charles. *The Market Revolution*: Jacksonian America 1815-1846. Oxford: Oxford University Press, 1991.

SILVER, Bruce. William Bartram's and other Eighteenth-Century accounts of Nature. *Journal of the History of Ideas* 39, 1978.

SLAUGHTER, Thomas P. *The Natures of John and William Bartram*. New York: Vintage, 1997.

SOX, David. *Quaker Plant Hunters*: From North America's Early Frontier to the South Pacific. York: Sessions Book Trust, 2004.

STOKES, Melvyn; CONWAY, Stephen (Ed.). *The Market Revolution in America*: Social, Political, and Religious Expressions, 1800-1880. Charlottesville: University Press of Virginia, 1996.

THOMPSON, E. P. *William Morris*: Romantic to Revolutionary. London: Merlin Press, 1955.

THOMPSON, Edward Palmer. *Customs in Common*. New York: Norton, 1993.

THOMPSON, Edward Palmer. *The Making of the English Working Class*. London: V. Gollancz, 1963.

THOMPSON, Paul. *The Work of William Morris*. London: Quartet Books, 1977.

THOREAU, Henry David. *A Week on the Concord and Merrimack Rivers; Walden, or Life in the Woods; The Maine Woods; Cape Cod*, Library of America. New York: Viking Press, 1985.

TOLLES, Frederick *Meeting House and Counting House*: The Quaker Merchants of Colonial Philadelphia, 1682-1763. New York: W. W. Norton, 1948.

TOVEY, Paige. *The Transatlantic Eco-Romanticism of Gary Snyder*. New York: Palgrave Macmillan, 2013.

TYMN, Marshall (Ed.). *The Collected Essays and Prose Sketches of Thomas Cole*. St Paul MN: J Colet Press, John Colet Archive of American Literature, n.7, 1980.

TYMN, Marshall B. (Ed.). *Thomas Cole's Poetry*. York, PA: Liberty Cap Books, 1972.

VANINSKAYA, Anna. William Morris and the Garden City. In: RIGNALL, J.; KLAUS, H. G.; CUNNINGHAM, V. (Ed.). *Ecology and the Literature of the British Left*: The Red and the Green. Farnham: Ashgate, 2012.

VOLMER, Stephanie. William Bartram and the forms of natural history. In: BRAUND, Kathryn E. Holland; PORTER, Charlotte M. *Fields of Vision*: Essays on the Travels of William Bartram. Tuscaloosa: University of Alabama Press, 2010.

WALLACH, Alan. Cole, Byron, and the Course of Empire. *Art Bulletin* 50, 1968.

WALLACH, Alan. Luxury and the downfall of civilization in Thomas Cole's *Course of Empire*. In: JOHNSTON, Patricia; FRANK, Caroline (Ed.). *Global Trade and Visual Arts in Federal New England*. Durham: University of New Hampshire Press, 2014.

WALLACH, Alan. Thomas Cole and the aristocracy. In: DOEZEMA, Marianne; MILROY, Elizabeth (Ed.). *Reading American Art*. New Haven CT: Yale University Press, 1998.

WALLACH, Alan. Thomas Cole: Landscape and the Course of American Empire. In: WALLACH, Alan; TRUETTNER, William (Ed.). *Thomas Cole*: Landscape into History. New Haven CT: Yale University Press, 1994.

WALLACH, Alan. Thomas Cole's 'River in the Catskills' as antipastoral. *Art Bulletin*, 84, 2002.

Walter Benjamin, *Reflections: Aphorisms, Essays and Autobiographical Writings*. Trans. E. Jephcott. New York: Harcourt, Brace, 1978.

WALTERS, Kerry S. The 'peaceable disposition' of animals: William Bartram on the moral sensibility of brute creation. *Pennsylvania History*, 56, 3, jul. 1989.

WALTERS, Kerry S. The Creator's boundless palace: William Bartram's Philosophy of Nature. *Transactions of the Charles S. Peirce Society*, 25, 3, summer 1989, p.309-332.

WASELKOV, Gregory A.; BRAUND, Kathryn E. Holland (Ed.). *William Bartram on the Southeastern Indians*. Lincoln: University of Nebraska Press, 1995.

WEBER, Max. *Gesammelte Aufsätze zur Religionssoziologie II. Hinduismus und Buddhismus*. Tübingen: JCB Mohr, 1921.

WEBER, Max. Science as a Vocation. In: HEYDEBRAND, W. (Ed.). *Sociological Writings*. Trans. H. H. Gerth and C. W. Mills. New York: Continuum, 1994.

WILLIAMS, Raymond (Ed.). *May Day Manifesto*. Harmondsworth: Penguin, 1968.

WILLIAMS, Raymond. *Cobbett*. Oxford University Press, 1983 (Past Masters).

WILLIAMS, Raymond. *Culture and Society, 1780-1950*. New York: Harper & Row, 1958.

WILLIAMS, Raymond. *People of the Black Mountains*. London: Chatto and Windus, 1989.

WILLIAMS, Raymond. *Politics and Letters*: Interviews with New Left Review. London: NLB/Verso, 1979.

WILLIAMS, Raymond. *Resources of Hope*: Culture, Democracy, Socialism. Robin Gable (Ed.). London: Verso, 1989.

WILLIAMS, Raymond. *The Country and the City*. New York: Oxford University Press, 1973.

WILLIAMS, Raymond. *Towards 2000*. London: Chatto and Windus, 1983.

WILLIAMS, Raymond; WILLIAMS, Merryn. (Ed.) *John Clare*: Selected Poetry and Prose. London and New York: Methuen, 1986.

WULF, Andrea. *The Invention of Nature*: The Adventures of Alexander von Humboldt, the Lost Hero of Science. London: John Murray, 2015.

ZANDT, Eleanor Van. *The Life and Works of William Morris*. Bristol: Parragon, 1995.

CRÉDITOS DAS IMAGENS

Figura 2a: Thomas Cole. *The Course of Empire: The Savage State*. 1834. Óleo sobre tela, 39 1/4 x 63 1/4 inches; negative #6045c. ID 1858.1. Coleção da New York Historical Society. Doação da Galeria de Belas Artes de Nova York. Imagem digital criada por Oppenheimer Editions.

Figura 2b: Thomas Cole. *The Course of Empire: The Arcadian or Pastoral State*. 1834. Óleo sobre tela, 39 1/4 x 63 1/4 inches; negative #6046. ID 1858.2. Coleção da New York Historical Society. Doação da Galeria de Belas Artes de Nova York. Imagem digital criada por Oppenheimer Editions.

Figura 2c: Thomas Cole. *The Course of Empire: The Consummation of Empire*. 1835-36. Óleo sobre tela, ca. 51 1/4 x 76 inches; negative #6047c. ID 1858.3. Coleção da New York Historical Society. Doação da Galeria de Belas Artes de Nova York. Imagem digital criada por Oppenheimer Editions.

Figura 2d: Thomas Cole. *The Course of Empire: Destruction*. 1836. Óleo sobre tela, 39 1/4 x 63 1/2 inches; negative #6048c. ID 1858.4. Coleção da New York Historical Society. Doação da Galeria de Belas Artes de Nova York. Imagem digital criada por Oppenheimer Editions.

Figura 2e: Thomas Cole. *The Course of Empire: Desolation*. 1836. Óleo sobre tela, 39 1/4 x 63 1/4 inches. ID 1858.5. Coleção da New York Historical Society. Doação da Galeria de Belas Artes de Nova York. Imagem digital criada pela Oppenheimer Editions.

SOBRE O LIVRO

Formato: 14 x 21 cm
Mancha: 23 x 42 paicas
Tipologia: Goudy Old Style 11/13
Papel: Pólen Soft 80 g/m² (miolo)
Cartão Supremo 250 g/m² (capa)
1ª edição Editora Unesp: 2021

EQUIPE DE REALIZAÇÃO

Edição de Texto
Jorge Pereira Filho (Copidesque)
Luciana Moreira (Revisão)

Capa
Marcelo Girard

Editoração Eletrônica
Eduardo Seiji Seki (Diagramação)

Assistência editorial
Alberto Bononi
Gabriel Joppert

Rua Xavier Curado, 388 • Ipiranga - SP • 04210 100
Tel.: (11) 2063 7000 • Fax: (11) 2061 8709
rettec@rettec.com.br • www.rettec.com.br